"ânı yakala!"

carpe diem! kitap

kendine bir

iyilik yap

hazırlayan: bilge göksu
konsept danışmanı: ömer sevinçgül
editör: sibel talay
kapak tasarımı: ravza kızıltuğ
illüstrasyon: ayşe zinnur çetin
baskı-cilt: sistem matbaacılık
yılanlı ayazma yolu no:8
zeytinburnu / istanbul
tel: 0212 482 11 01

gençlik edebiyat kitaplığı
bal gibi kitaplar-3
kendine bir iyilik yap
isbn 978-975-6107-39-3
1.baskı, istanbul, eylül 2007
7.baskı, istanbul, haziran 2009

carpe diem kitap
lacivert yayıncılık san. ve tic. ltd. şti.
alayköşkü cad. no:11 kat:2
cağaloğlu-istanbul
yayın: 0212 514 63 89
satış-dağıtım: 0212 511 24 24
www.carpediemkitap.com
kitap@carpediemkitap.com

kültür bakanlığı yayıncılık
sertifika no: 12366

kendine bir
iyilik yap

içimdekiler

içimdekiler

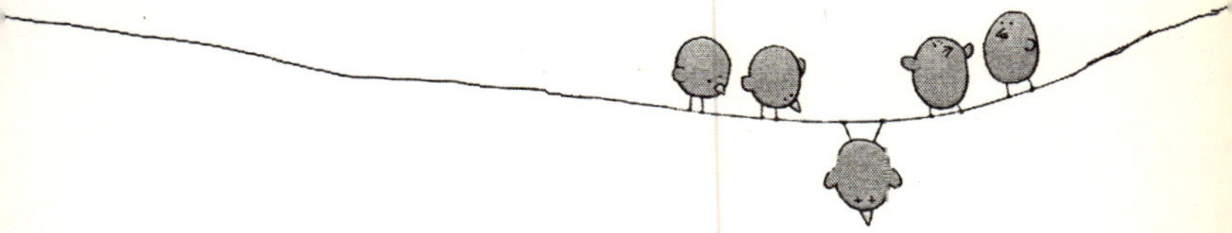

her kötülüğün ardından onu silecek bir iyilik yap!

HADİ SEN DE GÜLÜMSE...

Küçük kız, hüzünlü bir yabancıya gülümsedi.

Bu gülümseme adamın kendisini daha iyi hissetmesine sebep oldu ve yakın geçmişte kendisine yardım eden bir dostuna teşekkür etmediğini hatırladı. Hemen bir not yazdı, yolladı.

Arkadaşı bu teşekkürden dolayı o kadar keyiflendi ki, her öğlen yemek yediği lokantadaki garson kıza yüklü bir bahşiş bıraktı.

Garson kız ilk defa böyle bir bahşiş alıyordu. Akşam eve giderken, kazandığı paranın bir parçasını her zaman köşe başında oturan fakir adamın şapkasına bıraktı.

İki gündür fakir adamın boğazından aşağı lokma geçmemişti. Karnını bir güzel doyurduktan sonra, ıslık çala çala bir apartman bodrumundaki tek odalı evinin yolunu tuttu. Öyle neşeliydi ki, bir saçak altında titreyen köpek yavrusunu görünce, kucağına alıverdi.

Küçük köpek gecenin soğuğundan kurtulduğu için mutluydu. Sıcak odada sabaha kadar koşuşturdu.

Gece yarısından sonra tüm apartmanı dumanlar sarmıştı. Büyük bir yangın çıkmıştı. Dumanı koklayan köpek öyle bir havlamaya başladı ki, önce fakir adam uyandı, sonra bütün apartman halkı...

Apartmanın üçüncü katında oturan ve sabahki hüzünlü adama gülümseyen küçük kızın anne ve babası da köpeğin havlamasına uyanmış ve bir yangın çıktığını kısa zamanda anlamışlardı. Hemen küçük kızın odasına koşarak, onu kucaklayıp kendilerini apartmanın dışına attılar...

★ ★ ★

Hayret! Bir insanın zengin olup olmadığını herkes merak eder de, iyi olup olmadığını kimse soruşturmaz.

Herrick

HAYATA DAİR

...YAŞAMAYA...
Zaman ayır.
Çünkü ömür bunun için yaratılmıştır...

...DÜŞÜNMEYE...
Zaman ayır.
Çünkü başarının anahtarı odur...

...SEVMEYE...
Zaman ayır.
Çünkü bu seni daima güçlü kılar...

...İYİLİĞE...
Zaman ayır.
Çünkü insan olmanın sırrı budur...

(Goethe)

GÜNÜN BİRİNDE...

Bir ömrün baştan sona muhasebesi, bir saniyeye sığdırılabiliyormuş meğer. Öyle acılar ve pişmanlıklar yaşıyorum ki... Fakat aynı zamanda, yapmış olduğum iyi ve güzel şeylerden dolayı keyif duyuyorum.

Anlıyorum ki, her şey olup bittikten sonra, birinin yaşamı hakkında değerlendirme yapmak zormuş ve haksızlığı gidermek veya yeni bir iyilik yapmak ya da hoş bir söz söylemek artık mümkün değil.

Yine öğreniyorum ki, ömrümüzün her bir saniyesinden sorumluyuz. Asla unutulmaması gereken bir gerçek bu.

İstediğimiz hareketi yapmakta özgürüz. En iğrenç işleri bile yapabiliriz. Ama günün birinde, kaçınılmaz olarak o iş karşımıza çıkacak. Yaptığımız her eylem, eninde sonunda, tıpkı bumerang gibi dönüp bize gelecek. Ve anlıyorum ki başkalarına yaptığım iyilikleri veya kötülükleri aslında kendime yapmışım...

E. Elsaesser -Valerino

İYİLİĞE DAİR

- İyilik isteyen önce kendi iyi olsun.

  (Goethe)

- Kötülüğü adaletle, iyiliği de iyilikle karşıla.

  (Laotse)

- İyiliği hiçbir menfaat gözetmeden, sırf iyilik olsun diye yapmalıyız.

  (Konfüçyüs)

- Gizlice iyilik yapanlar belki de sadece Tanrı'ya inananlardır.

  (Balzac)

- Yalnız iyilik yapmak yetmez, iyiliği zarafetle yapmak da lâzımdır.

  (Diderot)

- İyi olmak istiyorsan, önce kötü olduğuna inan.

  (Epiktetos)

- İyilik yapmasını bilmiyorsan, hiç olmazsa kötülük yapma.

  (F. Attar)

- İyiliği, yalnız iyiler anlar, kötülüğü ise herkes.

  (Cenap Şehabettin)

- İyilik insanlık sanatıdır.

  (Genceli Nizami)

- Karşılığında kötülük göreceğinizi aklınıza getirmeksizin iyilik edin.

  (Hz. Ali)

- Kötü, kazanabilir ama üstün gelemez.

  (Joseph Roux)

- Kötülükle ancak kötülük uyuşabilir.

  (Livy)

- Sadelik, iyilik ve doğruluk olmayan yerde büyüklük de yoktur.

  (Tolstoy)

- Çalışmak ve iyilik etmek, Allah'ın bize öyle bir ihsanıdır ki, seven ve bedbaht olan kalplerde aşkın yerini tutar.

  (Goethe)

AZ İYİLİĞE ÇOK MÜKÂFAT HAKKINDA

Bir genç bir gün, kendisinden para isteyen bir ihtiyara çeyrek akçe vermişti. Gel zaman, git zaman o genç nasılsa bir suç işledi. Yakalanarak padişahın huzuruna çıkarıldı ve padişah da onun idamına hükmetti.

İdam günü Türk, İranlı herkes, bütün halk toplandı. Seyirciler damlara, kapılara üşüştü. Cellâtlar telâş içinde hazırlık yapıyor, halkın şamatası göklere yükseliyordu.

Tevafuk bu ya, vaktiyle ondan iyilik gören ihtiyar da oradan geçiyordu. Kendisine iyilik yapan genci böyle eli, kolu bağlı görünce, onun geçmişte yaptığı iyiliği düşünerek bu hâline acıdı, yüreği yandı ve onu kurtarmak için bir çare aradı. Birdenbire ellerini birbirine vurup ağlayarak şöyle bağırdı:

"Ah, eyvah! Yazıklar olsun! Güzel huylu mübarek padişahımız öldü, dünya boş kaldı!"

Yalın kılıç cellâtlar, orada toplanan bütün halk ihtiyarın bu sözlerini işitince ağlayıp inlemeye başladılar. Bir vaveyladır koptu. Herkes ağlayıp dövünerek padişahın sarayına koşuştular. Baktılar ki padişah sağ, sapa sağlam tahtında oturuyor.

Gencin idam edileceği meydan boşalmış, genç kaçmış ve ihtiyar tek başına orada kalmıştı. Haberin aslı esası olmadığından onu hemen yakalayıp sultanın huzuruna çıkardılar.

Padişah gök gürültüsü gibi bir sesle sordu:

"Benim gibi iyi ahlâklı, âdil ve milletsever bir padişahın ölümünü neden arzuladın? Benim gibi dürüst bir hükümdarın ölümü halka fenalık değil mi? Benim ölümümden millete zarar gelmez mi? Sen bunu neden istedin? Söyle bakayım!.."

Cesur ihtiyar fesahat ve belâgatle şu cevabı verdi:

"Ey benim padişahım! Bütün cihan senin kulağı halkalı kölendir. Ancak benim yalandan padişah öldü dememle padişahım ölmedi fakat bu sayede bir can kurtuldu..."

Hükümdar bu hikâyeden memnun kalarak ihtiyarı affetti ve hiçbir şey demedi.

Ölümden kurtulan genç ise can havliyle koşa koşa, düşe kalka giderken, meydanda bulunanlardan biri ona merakla sordu:

"Yahu! Sen ne ile böyle ölümden kurtuldun?"

Genç ona şu karşılığı verdi:

"Çeyrek akçeyle..."

(Bostan'dan...)

Küçük bir sadaka
koca bir belayı defeder.
SADİ

KENDİNE BİR İYİLİK YAP!

* Gerçeği gerektiği gibi kabul et.

* Ufak şeyleri dert etme.

* Mesleğinin hilelerini öğrenmek yerine mesleğini iyi öğren.

* Arada sırada canının sıkılması iyidir, bırak sıkılsın.

* "Keşke" sözcüğüyerine "bir daha ki sefere inşallah" demeyi dene.

* Özür dileyenin özrünü kabul et.

* Bir dağa tırman.

* Huzurlu ve ılımlı insanların çok başarılı olamayacakları düşüncesini kafandan sil.

"Bakarsın bir gün lazım olur" kapsamında yer alan ve bir yıl süreyle kendisine dokunulmamış olan neyin varsa hepsinden kurtul.

* Ailendeki hiç kimseden sabahları küçük bir "günaydın"ı ve geceleri sıcak bir "iyi geceler"i esirgeme.

* Evin en güzel köşelerinde büyük vazolar içinde taze çiçekler bulundur.

* İçinde bulunduğun ânı yaşamayı öğren.

* Kusursuz olamayacağını kabullen.

* Babanla balığa çık.

* Olumlu ve olumsuz düşüncelerde kartopunun çığ gibi büyüme etkisini unutma.

* Yüzünü tebessüme alıştır.

* Çabalayıp durduğun şeyler için kendine şunu sor: Bir yıl sonra bunun bir önemi olacak mı?

* Kimsenin umudunu kıracak konuşmalar yapma.

* Hayatın ayrıntılarına takılıp kalma.

* İyilik dolu bir sözü ve iyiliğin gücünü asla küçümseme.

* Ailedeki herkes için aynı desenden birer çift çorap al.

* Kalemini ve not defterini hep yanında taşı.

* Her gün altı bardak su içmeyi unutma.

* Hoşuna gitmeyen sözleri duymazdan gel.

* "Bu da geçer yahu!" de.

* Tutumlu olmayı cimrilikle, cömert olmayı müsriflikle, cesur olmayı cahillikle, mütevazı olmayı zilletle, vakarlı olmayı kibirle karıştırma.

* "Teşekkür ederim" ve "Lütfen" kelimelerini yerinde ve çokça kullan.

* En komiklerinden beş altı tane fıkra öğren.

* Bir günlük bir işte karın tokluğuna çalış.

* Hayatını güzelleştiren şeylerin bir listesini yap.

…

"Ey Allahın Resulü! Çok büyük bir günah işledim, acaba tövbe edebilir miyim?" dedim.

"Annen var mı?" diye sordu.

"Hayır."

"Teyzen var mı?"

"Evet."

"Öyleyse ona bir iyilikte bulun!" dedi.

(Hadis)

HAYAT NEDİR PEKİ?

...HAYAT...
seni kaç kişinin aradığı
kimi öptüğün
hangi sporu yaptığın
...DEĞİLDİR...

...HAYAT...
ayakkabıların, saçın
derinin rengi
notlar, para, giysiler
nerede yaşadığın
hangi okula gittiğin
...DEĞİLDİR...

...HAYAT...
kimi sevdiğin ve kimi incittiğindir
kendin için neler hissettiğindir
güven, mutluluk, şefkattir
insanlara iyilik yapmak
ve nefretin yerine sevgiyi koymaktır
...HAYAT...

(Charles Eguone)

HASSAS TERAZİ

İlim olmadıkça, fazilet olmaz.
Korku olmadıkça, feyiz olmaz.
Adalet olmadıkça, sultanlık olmaz.
Edeb olmadıkça, izzet olmaz.
Vera olmadıkça, feraset olmaz.
Emniyet olmadıkça, huzur olmaz.
Gayret olmadıkça, tahsil olmaz.
Kanaat olmadıkça, zenginlik olmaz.
Tevazu olmadıkça, yücelik olmaz.
Tevfik olmadıkça, zafer olmaz.
Aşk olmadıkça, meşk olmaz.
Merhamet olmadıkça, barış olmaz.
Cömertlik olmadıkça, bereket olmaz.
Onur olmadıkça, hürriyet olmaz.
Ahlak olmadıkça, meziyet olmaz.
İffet olmadıkça, güzellik olmaz.
Sevgi olmadıkça, kalp tatmin olmaz.
İyilik olmadıkça, ruh huzur bulmaz.

❀ ❀ ❀

Evet, nasıl ki muhabbet sıfatı, muhabbete layıktır; öyle de adavet hasleti, her şeyden evvel kendisi adavete layıktır. Eğer hasmını mağlub etmek istersen, fenalığına karşı iyilikle mukabele et. Çünki eğer fenalıkla mukabele edersen, husumet tezayüd eder. Zahiren mağlub bile olsa, kalben kin bağlar, adaveti idame eder. Eğer iyilikle mukabele etsen, nedamet eder; sana dost olur.

(Yirmi ikinci Mektup'tan...)

❀ ❀ ❀

Bir kimseye edilecek iyiliğin en mükemmeli o kimseyi minnet altında bırakmayanıdır.

Balzac

BEN SENİN İYİLİK MELEĞİNİM!

Adamın biri, Ankara'ya gitmek için tam uçağın merdivenlerini çıkarken kulağına bir ses gelmiş:

– Binme, bu uçak düşecek!

Dönmüş, bakmış, kimse yok. Ama içine de bir kurt düşmüş, binmemiş. İkinci uçağı beklerken, görevlilerin kendi aralarında yaptığı konuşmayı duymuş.

– TK 745 sefer sayılı, 8:30 uçağı düştü, kurtulan olmadı!

Koşmuş Haydarpaşa'ya, hızlı trene bilet almış, tam binecek, aynı ses kulağında:

– Binme, bu tren raydan çıkacak! Dönmüş, bakmış yine kimse yok. Trene de binmemiş, gelmiş eve, televizyonu açınca tüyleri ürpermiş. Spiker:

– Ankara'ya gitmekte olan hızlı tren Adapazarı'nda raydan çıktı 21 ölü, 13 ağır olmak üzere 89 yaralı yakın hastanelere kaldırılmıştır!

Allah'a şükretmiş. Gece evden çıkmış, otobüse bilet almış, tam binerken yine o ses:

– Binme, bu otobüsün freni patlayacak!

Dönmüş yine kimse yok! Dayanamamış artık, bağırmış:

– Sen kimsin yahu?

– Ben senin iyilik meleğinim!

Adam iyice kızmış:

– O zaman evlenirken neredeydin kardeşim?

***

Aslında kötü bir insan değildir.
Çünkü kötü bir insan olmak için önce
insan olmak gerekir!!!

KANATLAR ALTINDA BİR YAVRU

Evimiz köydeydi bizim. İlkokulu bitirdikten sonra, öğrenimini sürdürmek isteyen herkes gibi, ben de ortaokulu okumak üzere on altı kilometre ötedeki ilçeye gitmek zorundaydım.

Mini minnacık bir evcik tuttuk. Tek odalıydı. Eşyalarım ise bir kilim, bir eski dolap, bir iki parça mutfak malzemesi, bir yatak ve bir odun sobasından ibaretti.

Kimi zaman annem gelip kalıyordu yanımda. Ama genellikle yalnızdım. Karyolam olmadığı için yerde yatıyordum. En büyük sorunum, yemek yapmayı bilmiyor oluşumdu.

Sadece çay yapıyordum gaz ocağında. Evden peynir, ekmek getirip onu yiyordum. Somun ekmek kentlilere özgü bir lükstü.

Yemek için de bir çare buldu annem. Bol miktarda yemek yapıyordu, ben onları pazartesi günü evime götürüyordum. Yemekler bir hafta yetiyordu bana, yettiriyordum.

Ütüm yoktu, pantolonumu akşamdan biraz ıslatıyor, döşeğin altına koyuyordum, ütülensin diye!

O zamanlar önü ay yıldızlı şapkalar giyiyorduk subaylar gibi. Daha ilk ayda sarkıyor, takkeye dönüşüyordu bu şapkalar. Ucuzdu ve kalitesizdi çünkü.

Cumartesi yarım gün okul vardı. Gün ortasında bir eski cip giderdi köye. Onu kaçırdın mı yandın, artık dönemezsin. Ya yayan gideceksin, ya da hiç gidemeyeceksin.

Bir hafta sonu, ben bu cipe yetişemedim. Okulda bayrak merasimi, müdürün uzayıp giden nutku falan derken, geç kaldım.

Evde yemek kalmamıştı, param yoktu, köye gitmeye mecburdum. Durakta beklemeye başladım. Köylünün ürününü satma mevsimi henüz geçmemişti. Bir umut işte, belki bir traktör bulabilirim diyordum.

Akşam oldu, hava kararmaya başladı. Aylardan ekim, gündüz cılız bir güneş var, ama geceler soğuk. Üşümeye başladım. Sırtımda incecik bir ceket.

Birazdan geldi traktör, sevindim. Römorkuna bindim.

Baktım, üç adam daha var, onlar da köye gidiyorlar. Traktör hareket etti. Römorkun her tarafı açık. Sığınacak, korunacak hiçbir yer yok. Köylüler tedbirliydi, kalın kazaklar ya da paltolar giymişlerdi.

Çömelmiş, arkalarını da römorkun yan tahtalarına dayamışlardı. İkisi sohbete dalmıştı aralarında. Üçüncü adam, kararan dağlara bakarak bir şeyler düşünüyordu. Gözleri yarı kapalıydı.

Traktörün hızı arttıkça benim üşümem de artıyordu. Çocuktum. Cılızdım, zayıftım, güçsüzdüm, çaresizdim, titriyordum, gözlerimden yaşlar dökülmeye başlamıştı, ama sesimi de çıkaramıyordum, gururuma yediremiyordum ağlamayı.

Römorkun içinde yer değiştirmeyi denedim ama hiçbir faydası olmadı. Acım her saniye biraz daha artıyordu. Ölmek istiyordum!

Yün yatağımı, sıcak günleri, buğdayların biçildiği sararan yaz aylarını hayal ederek avunmaya çalışıyordum.

Nafile!

Rüzgar yüzlerce iğne gibi bir yanımdan girip öte yanımdan çıkıyordu. Kendi kendime "Allahım! Allahım! Allahım!" diye mırıldanıyordum pek de bilincine varmadan.

Hem havanın kararması, hem de kirpiklerimi ıslatan yaşlar, görmemi engelliyordu.

Bir ara karşımda yalnız başına oturan adamın bana işaret ettiğini görür gibi oldum.

Bir hayal miydi bu? Gerçekten beni mi çağırıyordu. Anlamaya çalıştım. Evet, eliyle işaret ediyordu "gel" diye.

Düşmemeye çalışarak yanına gittim.

Hiçbir şey söylemedi. Hiç..! Paltosunun sağ kanadını kaldırdı, beni oraya aldı, iyice sarmaladı. İri yarı, güçlü kuvvetli ama yufka yürekli, merhametli bir adam.

Ve onun yanı başında, koruması altında zavallı, minnacık, dudakları titreyen zavallı ben.

Sıcacıktı. Sıcak! Aman Allahım, cennet burası olmalıydı!

Sessizce ağlamaya başladım, sevincimden mi, bu hareketin güzelliğinden mi, bilmem. Ruhum allak bullak olmuştu.

Geriye kalan yolu böylece, onun kanatları altında tamamladım, bir yavru kuş gibi.

Köye ulaştık, ne o bana bir şey söyledi, ne de ben ona.

Ben o gün şefkati, yardımlaşmayı, açlara, yoksullara, çaresizlere, umarsızlara, itilip kakılanlara, düşkünlere acımayı öğrendim, ruhuma yazdım bunu, kalbime nakışladım.

(Ömer Sevinçgül)

HER ŞEYE RAĞMEN...

İnsanlar bazen çok çekilmez olabilirler.
Olsun, yine de onları sev...

Sen başarılı oldukça,
etrafında sahte dostlar ve gerçek düşmanlar türeyebilir.
Olsun, yine de başarılı ol...

Dürüstlük kimi zaman seni kırılganlaştırabilir.
Olsun, yine de dürüst ol...

Yardım ettiğin insanlardan ihanet görebilirsin.
Olsun, yine de insanlara yardım et...

Bugün yaptığın iyilik yarın unutulabilir.
Olsun, yine de iyilik yap...

* * *

VEBA'dan...

O zamandan beri değişmedim. Uzun süredir utanıyorum, uzaktan bile olsa, iyi niyetle bile olsa, ben de bir katil olmaktan ölesiye utanç duyuyorum.

Zamanla başkalarından çok daha iyi olanların bile bugün öldürmekten ya da ölüme göz yummaktan kendilerini alamadıklarını görüyorum. Çünkü içinde yaşadıkları mantık böyle gerektiriyordu ve ölüme neden olmaksızın şu dünyada tek bir hareket bile yapamıyorduk.

Evet, utanç duymaya devam ettim, şunu öğrendim; hepimizin vebanın içinde olduğunu öğrendim ve iç huzurumu yitirdim. Onları anlamaya ve kimsenin can düşmanı olmamaya çalışarak bugün hâlâ onu arıyorum.

Artık bir vebalı olmamak için ne yapmak gerektiğini ve huzuru ya da huzur yoksa eğer, iyi bir ölümü umut etmemizi sağlayacak şeyin sadece bu olduğunu biliyorum.

İşte insanları kurtarmasa da avutabilecek, ya da en azından onlara en az zarar verecek, hatta bazen de iyilik yapabilecek şey bu. İşte bu nedenle, uzaktan ya da yakından, haklı ya da haksız nedenlerle insanları öldüren ya da öldürmeyi haklı çıkaran ne varsa hepsini reddetmeye karar verdim.

(Albert Camus)

✿ ✿ ✿

Allah size, hak sahibine hakkını vermeyi, iyilik etmeyi, yakınlara karşı cömert davranmayı emrediyor. Utanç verici çirkin işleri, hem dine hem de insan yapısına aykırı olanı, ilahi sınırları aşmayı yasak ediyor. Belki aklınızda tutar da uygularsınız diye size öğüt veriyor.

(Nahl: 90)

✿ ✿ ✿

Ağız yürekten taşanı söyler. İyi insan içindeki iyilik hazinesinden iyilik, kötü insan içindeki kötülük hazinesinden kötülük çıkarır. Size şunu söyleyeyim, insanlar söyledikleri her boş söz için yargı günü hesap verecekler.

(Matta: 12)

✿ ✿ ✿

Kötüler çalkalanan deniz gibidirler; çünkü o rahat duramaz ve onun suları dışarı çamur ve kir atar. Kötülere selâmet yoktur.

(İşaya: 57)

PENDNAME'den...

Ey Aziz kardeşim, insan gibi olan insan dört şeyi dört şeyden temizler:

Kalbini kıskançlıktan...

Dilini yalandan...

Bedenini haramdan...

Amelini riyadan...

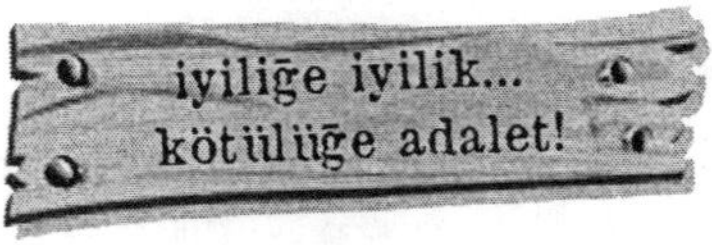

KENDİNE BİR İYİLİK YAP!

* Dostlarından ve ailenden bir şeyler öğrenmek konusunda alıcı ol.

* İpin ucunu fazla sıkma.

* Hayatın anlamını sorgula.

* Dinine ait kitabı hiç değilse bir kez baştan sona oku.

* Kendine sade, değerli, küçük bir kitaplık oluştur.

* Şunu iyi anla: Nereye gidersen sen oradasın.

* Akşam yemeklerini hafif ye.

* Uyanık kalmakta zorlanıyorsan, kendine 30 dakika uyuyacak bir yer bul. Kısa uykular bağışıklık sistemine iyi gelir.

* Muhtaç bir çocuğa bir vakıf ya da posta yoluyla yardım et.

* Kinayeli konuşmalardan uzak dur.

* Yardım etmeye çalışırken önceliğini küçük şeylere ver.

* Evdeki herkesi tren vagonları gibi arka arkaya otur. Herkes önünde oturan kişinin boynuna ve omuzlarına masaj yapın. Beş dakika sonra herkes öteki tarafa dönsün ve yine önündeki kişinin boynuna ve omuzlarına masaj yapsın.

* Daha iyi bir dinleyici olmaya çalış.

KENDİNE BİR İYİLİK YAP!

* Cesur ol! Cesaretin en faziletli olanı ise gerektiğinde hakkı haykırabilmektir.

* Seninle menfaati gereği birlikte olanlarla, gerçek dostlarını birbirinden ayır.

* İki kişi arasında hüküm vermeden önce mutlaka her iki tarafı da dinle.

* Affetmenin tadına var.

* Kendin için başarının tanımını bir kez daha yap.

* Annenin yanındayken ona senin mutlu olduğunu hissettir, sevinçlerini büyüt, abart, dünyanın en mutlu insanı senmişsin gibi davran. Senin mutlu olduğunu görmek onu da mutlu edecektir.

* Kimseye minnet etmek istemiyorsan paranı iktisatlı harca.

* Bayramlarda veözel günlerde dostlarına kartlar gönder.

* Her gece gününü gözden geçir.

* Ölümü hiçbir an unutma. Ve ondan korkma. Hayırlılar için ölüm üstün ödüldür. Öyle ise ölüme hazırlan.

* Öyle yaşa ki, insanlar dürüstlük denildiğinde seni hatırlasınlar.

* Arkadaşının alnındaki sineği öldürmek için tabanca kullanma.

* Mahrem kalması gereken şeyleri başkalarına anlatma.

* Gördüğün her şeyde Tanrının varlığının izlerini sür.

İYİLİĞİN VE KÖTÜLÜĞÜN SİMGESİ

Yaşlı Kızılderili reisi kulübesinin önünde torunuyla birlikte oturmuştu. Bahçede birbirleriyle boğuşup duran, biri beyaz, diğeri ise siyah iki kurt köpeğini izliyorlardı.

Çocuk büyük babasına merakla sordu: "Bizim neden iki köpeğimiz var ve neden renkleri böyle siyah beyaz?"

Yaşlı reis bilgece gülümsedi. Torununun başını okşadı. "Onlar" dedi, "benim için iki simgedir evlat."

"Neyin simgesi" diye sordu çocuk.

"İyiliğin ve kötülüğün simgesi. İyilik ve kötülük içimizde sürekli mücadele eder durur. Onları seyrettikçe ben hep bunu düşünürüm. Onun için ikisini hep yakınımda tutuyorum."

Çocuk, bitmeyen sorularına bir yenisini daha ekledi: "Peki büyükbaba hangisi kazanır sence bu mücadeleyi?"

Yaşlı reis, tekrar gülümsedi. "Ben hangisini daha iyi beslersem, o!"

❁ ❁ ❁

Eşitliği bozacak herhangi bir ayırım yapmaktan çekin. Kardeşinin yardımına koş, kim olursa olsun! Yoldan çıkmış olanı doğru yola yönelt, düşeni kaldır. Şefkatli ve nazik ol, bütün yüreklerde iyilik ateşini yak, insanlarla mutluluğunu paylaş, bu temiz zevkini hiçbir zaman kıskançlık bulandırmasın. Düşmanını bağışla, ondan intikam alma. Ona verdiğin tek karşılık iyilik olsun.

(Tolstoy)

BİR BARDAK SÜTÜN HATIRI

Howard, yoksul bir ailenin çocuğuydu ve okul giderlerini karşılamak için kapı kapı dolaşarak eşyalar satıyordu.

O gün, hiçbir şey satamamıştı ve karnı da çok açtı. Bundan sonra çalacağı ilk kapıdan yiyecek bir şeyler istemeye karar verdi. Kapıyı açan sevimli genç bayanı görünce utandı. Yiyecek bir şeyler yerine "Affedersiniz, bir bardak su rica edebilir miyim?" diyebildi yalnızca. Genç bayan, çocuğun aç olabileceğini düşünerek kocaman bir bardak süt getirdi ona. Çocuk, sütü yavaş yavaş içine sindirerek içtikten sonra "Çok teşekkür ederim, borcum ne kadar?" diye sordu genç bayana. Genç bayan, "Borcunuz yok" diyerek, yüzünde sıcak bir gülümsemeyle devam etti; "Annem, gösterdiğimiz şefkat ve nezaket karşılığı olarak asla bir bedel ödenmesini beklememememizi öğretti bize" dedi. Çocuk "O halde çok teşekkürler, yürekten teşekkür ederim size" dedi. Howard Kelly, evin önünden ayrıldığı zaman kendisini yalnızca bedensel olarak değil, ruhsal olarak da güçlü hissediyordu.

Yıllar sonra genç bayan çok ender rastlanan bir hastalığa yakalanmıştı. Yöredeki doktorlar çaresiz kalınca, hastalığı ile ilgili araştırmalar yapılması için onu büyük kente gönderdiler.

Dr. Howard Kelly, konsültasyon yapması için çağrıldığı hastanın hangi kasabadan geldiğini duyunca heyecanlandı. Artık genç olmasa da yıllar önce kendisine sevgiyle yaklaşan bayanı ilk gördüğü anda tanımıştı ve onun yaşamını kurtarmak için elinden geleni yaptı.

Uzun süren tedaviden sonra bayan sağlığına kavuştu. Dr. Kelly, denetlemesi için önüne getirilen faturaya şöyle bir baktı ve üstüne bir şeyler yazarak zarfın içine koydu ve hasta bayanın odasına gönderdi.

Kadın elleri titreyerek aldı zarfı eline. Açmaya korkuyordu... Hastane faturasını asla ödeyemeyeceğini ve geri kalan yaşamı boyunca bu faturayı ödemek için çalışacağını biliyordu. Sonunda zarfı açtı ve faturaya iliştirilmiş bir not dikkatini çekti. Kâğıtta şunlar yazılıydı: "Hastane giderlerinizin tamamı bir bardak süt karşılığı ödenmiştir."

(Steve Goodier)

* * *

Evet ey insan! Sende iki cihet var: Birisi, icad ve vücud ve hayır ve müsbet ve fiil cihetidir. Diğeri; tahrib, adem, şer, nefy, infial cihetidir. Birinci cihet itibariyle; arıdan, serçeden aşağı.. sinekten, örümcekten daha zaifsin. İkinci cihet itibariyle; dağ, yer, göklerden geçersin. Onların çekindiği ve izhar-ı acz ettikleri bir yükü kaldırırsın. Onlardan daha geniş, daha büyük bir daire alırsın. Çünki sen iyilik ve icad ettiğin vakit, yalnız vüsatin nisbetinde, elin ulaşacak derecede, kuvvetin yetişecek mertebede iyilik ve icad edebilirsin. Eğer fenalık ve tahrib etsen, o vakit fenalığın tecavüz ve tahribin intişar eder.

(Yirmi Üçüncü Sözden)

Kötüler birleştiği zaman,
iyiler de bir araya gelmelidirler;
yoksa teker teker eriyip giderler.

BURKE

İYİLİĞE DAİR ATASÖZLERİ

- İyiliğe iyilik her kişinin kârı, kötülüğe iyilik er kişinin kârı.
- İyi, gördüğünü söyler; kötü, verdiğini.
- İyi yaşlı olmayan yerde iyi genç olmaz.
- İyilik kötülüğü öldürür.
- İyi dost kara günde belli olur.
- İyi insan sözünün üstüne gelir.
- İyilik eden iyilik bulur.
- İyilik yap denize at, balık bilemezse Hâlık bilir.
- Değirmen iyi taştan olur, iyilik iki baştan.
- İyi söyle, iyi işit.
- İyilik et ki komşuna, iyilik gelsin başına.
- Dokuzun döker çukura, birini vermez fakire.

- Lokma karın doyurmaz, şefaat artırır.
- Sana taş atana sen ekmek at.
- Her işte bir hayır vardır.
- El için kuyu kazan evvela kendi düşer.
- Garibe bir selam bin altın değer.
- Namert yaptığı işi başa kakar.
- Şeytanla kabak ekenin kabak başında patlar.
- Ne ekersen onu biçersin.
- Kötülük yapıp iyilik bekleme.
- Ne verirsen elinle o gelir seninle.
- Başkalarını azarlar gibi kendini azarla, kendini affeder gibi başkalarını affet.
- Sağ elinin verdiğini sol elin bilmemeli.

...
Gelin tanış olalım
İşi kolay kılalım
Sevelim sevilelim
Dünya kimseye kalmaz
...

YUNUS EMRE

- İyi bir adam hiçbir zaman ölmez.

  (Callinachus)

- İyilik yapmaktan üstün bir meziyet bilmiyorum.

  (Beethoven)

- İyi görüneceğine iyi ol.

  (Sallust)

İYİLİKLE GELENE DAHA İYİSİ VARDIR

Sonunda içtenlikle inanarak kötülüklerden sakınanlar kazanacaktır.

(Araf: 128)

Kim gönlünden gelerek iyilik yaparsa, kendi faydasınadır.

(Bakara: 184)

Haydin iyiliklerde yarışın! Hepinizin dönüşü Allah'adır.

(Maide: 48)

İnanıp da güzel davranışlar sergileyenleri mutlaka iyilerin arasına katarız.

(Ankebut: 9)

Allah'ın rahmetine ermek istiyorsanız, bütün kötülüklerden uzak durun.

(Enâm: 155)

Allah, içtenlikle inanarak kötülüklerden sakınanları sever.

(Tevbe: 7)

İşledikleri kötülüklerden birbirlerini alıkoymazlardı. Gerçekten ne kötüydü yapmakta oldukları!

(Maide: 79)

Kim bir iyilikle gelirse, ona onun on katı verilir. Kim de bir kötülükle gelirse, o ancak onun dengiyle cezalandırılır. Onlara haksızlık yapılmaz.

(Enâm: 160)

İyiliğin karşılığı ancak iyilik değil midir?

(Rahman: 61)

Allah, iyilerin dostudur!

(Araf: 196)

İyilikle gelene daha iyisi vardır.

(Neml: 89)

AĞIR SAAT

Kim ağlarsa şimdi dünyada bir yerde,
nedensiz ağlarsa dünyada,
bana ağlar.

Kim gülerse şimdi bir yerde geceleyin,
nedensiz gülerse geceleyin,
bana güler.

Kim giderse şimdi dünyada bir yere,
nedensiz giderse dünyada,
bana gider.

Kim ölürse şimdi dünyada bir yerde,
nedensiz ölürse dünyada,
bana bakar.

Rainer Maria Rilke

KÜÇÜK PRENS'ten...

Küçük prensin gezegeninde, öteki gezegenlerde olduğu gibi, iyi ve kötü bitkilerin var olduğunu öğrendim. İyi bitkilerin tohumları daha iyi, kötü bitkilerin tohumlan daha kötü oluyormuş. Ama bu tohumlar göze görünmüyormuş.

Toprağın kuytularında gizlenmiş dururlarken arada bir, birkaçının uyanacağı tutarmış. Bu tohum başlangıçta biraz çekingenlik gösterse de. Kendi halinde güneşe doğru uzamaya başlarmış. Eğer bu bitki yalnızca bir turp ya da bir gül goncası olsa büyümesinde hiçbir sakınca yokmuş. Ama öyle kötü bitkilerdense hemen ortadan kaldırılmalıymış.

Şu sıralarda küçük prensin gezegeninde çok korkunç bir bitkinin tohumları sarmış ortalığı. Baobap tohumlarıymış bunlar. Toprağın içi bunlarla doluymuş.

Fark etmekte biraz geciktiniz mi, iş işten geçer, bir daha onlardan kurtuluş olmazmış.

Bütün gezegeni sararlar, kökleriyle de içerden sıkıca kavrarlarmış. Eğer bir de gezegen küçücük, baobaplar da çok sayıdaysa işte o zaman ufalanıverirmiş gezegencik...

Sonraları küçük prens bu konuyu, "Bu bir çeşit disiplin" diye açıklamıştı. "Sabah uyandığınızda nasıl yüzünüzü yıkayıp temizliğinizi yapıyorsanız, gezegene de aynı şeyleri yapmalısınız; hem de daha büyük bir özenle. Bütün baobapları hemen sökmelisiniz. Yoksa bir süre sonra iyice gül fidelerine benzerler. İşte o zaman hangisinin gül hangisinin baobap olduğunu anlamak da güçleşir. Sıkıcı bir iş bu, ama çok kolay."

(Exupéry)

...

Senin düşmanını, düşmanının da seni sevmesini istersen kırk gün onun iyiliğini söyle, o düşman senin dostun olur.

Çünkü gönülden dile yol olduğu gibi, dilden de gönüle yol vardır.

Allah'ın sevgisini de onun aziz isimleriyle elde etmek mümkündür.

Allah buyurdu ki: Ey kullar, kalbinizde arınma olması için beni pek çok anmaktan geri durmayın. Kalbinizde arınma ne kadar çok olursa, Allah'ın nurunun parlaklığı da kalpte o nispette fazla olur.

(Mevlana)

İSTEDİM YOLLADI...

GÜÇLÜ OLMAK İSTEDİM...
Yenmem için zorluklar yolladı.

BİLGE OLMAK İSTEDİM...
Çözmem için sorular yolladı.

BAŞARILI OLMAK İSTEDİM...
Çalışmam için sebepler yolladı.

CESUR OLMAK İSTEDİM...
Aşmam için engeller yolladı.

İYİ OLMAK İSTEDİM...
Yardım etmem için insanlar yolladı.

İYİLİK GELENEĞİNİN TERİMLERİ

Sadaka Taşı

Osmanlı'nın toplumsal dinamiklerinden biri olan sadaka taşları ince düşünülmüş birer yardım aracıydılar. Sadaka taşları, içerisine uzatılan bir elin oraya yardım koymak için mi yoksa yardım almak için mi girdiği bilinmeyecek şekilde tasarlanmıştı. Yaklaşık iki metre boyunda mermer bir sütundan oluşan bu taşların üst kısmında bir çukur bulunmaktaydı. Hali vakti yerinde olanlar, mermerin üstündeki çukura bir miktar para bırakır, ihtiyaç sahipleri de buradan ihtiyaç duydukları kadarını alırlardı. Ne veren el bilinirdi ne de alan el. Veren ihlâsla verir, alan minnetsiz alırdı.

Tanrı Misafiri

Barınmaya, korunmaya ve yiyeceğe ihtiyacı olan insanların aralarında bir tanıdık ve yakınlık bulunmasa dahi bir kutsal emanet olarak kabul edilmesi temeline dayanan bir gelenektir. Ev sahibi gelen misafiri Yaratıcı tarafından gönderilmiş bir bereket ve imtihan vesilesi olarak görür. Geleneksel iyilik biçimlerinden biridir.

İmece

İmece, birçok kimsenin toplanıp beraber, elbirliği ile bir kişinin işini görmesi ve herkesin işinin sıra ile bitirilmesi usulüdür. İmecede konu komşu toplanıp işleri el birliği ile yaparlar. Böylece hem işler kısa sürede bitirilmiş hem de iş birlikte bir eğlenceye dönüştürülmüş olur.

Bayramlaşmak

Bayramlar insanların birbirlerine iyilik etmeleri için uygun zamanlardır. Küçükler büyükleri ziyaret eder, ellerini öper, hatırlarını sorar, gönüllerini hoş ederler. Büyükler çocuklara hediyeler vererek onları sevindirirler. Aynı zamanda küskünlerin barışması için birer vesiledir bayramlar.

Dertleşmek

Karşılıklı olarak dertlerin anlatılması suretiyle manen hafiflemek ve moral bulmaktır. Bizde insanlar birbirlerinin dertlerini dinler, ellerinden geliyorsa derde deva olmaya çalışırlar. Ahmed Arif şiirinde diyor ya hani "Dostuna yarasını gösterir gibi..." Oysa bir Batılı kendisiyle biraz dertleşmek isteyen bir arkadaşına bizdekinden biraz farklı olarak şöyle bir şey diyebilir: "Dostum, o senin sorunun!"

Helalleşmek

Kişilerin karşılıklı olarak birbirlerinden haklarını helal etmelerini istemeleridir. Karşılıklı olarak bağışlanma ve af dilemenin bir şeklidir. En büyük veballerden biri olarak görülen "kul hakkı" ancak bu yolla eda edilebilir.

Gönül almak

Kırılan bir kimseyi güzel bir davranışla hoşnut etmektir. Bir ziyaret, bir hediye, bir buse, bir sarılış, bir özür dileyiş, hatta bazen bir tebessüm gönül almaya yeter.

...

İlem Eyyühel-Aziz! Aklı başında olan insan, ne dünya umurundan kazandığına mesrur ve ne de kaybettiği şeye mahzun olmaz. Zira dünya durmuyor, gidiyor. İnsan da beraber gidiyor. Sen de yolcusun. Bak, ihtiyarlık şafağı, kulakların üstünde tulu etmiştir. Başının yarısından fazlası beyaz kefene sarılmış. Vücudunda tavattun etmeye niyet eden hastalıklar, ölümün keşif kollarıdır. Maahaza, ebedi ömrün önündedir. O ömr-ü bakide göreceğin rahat ve lezzet, ancak bu fani ömürde say ve çalışmalarına bağlıdır. Senin o ömr-ü bakiden hiç haberin yok. Ölüm sekeratı uyandırmadan evvel uyan!

(Mektubat'tan...)

...

Hayatında hiçbir iyilik yapmamış bir adam ailesine demiş ki:

"Ölürsem beni yakın, sonra yanık bedenimi öğütün, külümü rüzgâra saçın!"

Ölünce, çocukları onun vasiyetini yerine getirmişler.

Bunun üzerine Allah, yere: "Haydi onun parçalarını bir araya getir!" emrini vermiş. Yer de bu emri yerine getirmiş ve adam hemen dirilmiş.

Allah buyurmuş:

"Niçin böyle yaptın?"

"Sen en iyi bilensin Rabbim! Ben bunu senden sakındığım için yaptım." deyince, Allah onu bağışlamış.

...

KENDİNE BİR İYİLİK YAP!

* Gerektiğinde kendini ödüllendirmeyi de, cezalandırmayı da bil.

* Her hangi bir işe başlamadan önce güvendiğin ve o işte ehil olduğunu düşündüğün kişilerin fikirlerini al.

* Dün öldü, bugün can veriyor, yarın henüz doğmadı. Zamanın kıymetini bil. Ömrünü boş işler peşinde harcama.

* Bir günlük tut. Ama çok mahrem olan şeylerini yazma.

* Ailece gidebileceğiniz bir gezi tertiple.

* Bir kâğıda "Seni seviyorum annecim, çünkü..." diye başlayan 21 cümle yaz. Kâğıdı da buzdolabının kapısına iliştir.

* Sahip olmak istediğin şeyleri değil, elde etmiş olduklarını düşün.

* Sızlanma, şikâyet etme, yılgınlığa düşme...

* Tövbe et.

* Bir oyuncak alıp sokaktaki herhangi bir çocuğa hediye et.

* Tevekkül ile bela yönüne gül. Ta o da gülsün, o güldükçe küçülür, eder tebeddül.

* Erken kalkmak istiyorsan odanın perdelerini açık bırak.

* Her insanın kulağında, dilinde, burnunda, elinde, gözünde, birer zevk terazisi mevcuttur. Zevk düzeyini düşürecek müziklerden, tatlardan, kokulardan, görüntülerden kaçın.

KENDİNE BİR İYİLİK YAP!

* Önemli olanla acil olanı ayır.
* "Nasılsın?" sorusuna daima olumlu cevap ver.
* Hatalarını kabul etmeyi öğren.
* Kendi mutluluğunu başka insanların mutsuzluğu üzerine kurma.
* Niteliğin nicelikten daha değerli olduğunu bil.
* Bulunduğun konumda mutlu olmaya bak.
* Bilgisayar ve otomobil kullanmayı öğren.
* Her gün doğada zaman geçir. Buna imkân bulamıyorsan başını gökyüzüne kaldır.
* Başkalarının fikirlerinde doğruluk payı ara.
* "Hayır" deyiver.
* Daha fazlası daha iyidir" diye düşünmekten vazgeç.
* Senden farklı fikirlere sahip kişilerin kitaplarını ve makalelerini de oku.
* İki fincan kahve hazırlayıp babanın karşısına otur. İşlerinin nasıl gittiğini, keyfinin nasıl olduğunu sor.
* Senede iki kez, yaz ve kış başlarında evdeki herkes için eve küçük koliler getir. Herkesin kendi kolisine kullanmadığı eşyalarını koymaları iste. Sonra birlikte bu eşyaları kime, nasıl vereceğinizi istişare ile kararlaştırabilirsiniz.
* Kendin için çok sade ve net günlük bir rutin listesi oluştur. Ama bazen bu rutinin dışına da çık.

KISSADAN HİSSE

Sultan Murad Han o gün bir hoştur. Telaşeli görünür. Sanki bir şeyler söylemek ister sonra vazgeçer. Neşeli deseniz değil, üzüntülü deseniz hiç değil. Veziriazam Siyavuş Paşa sorar:

– Hayrola efendim, canınızı sıkan bir şey mi var?

– Akşam garip bir rüya gördüm.

– Hayırdır inşallah...

– Hayır mı şer mi öğreneceğiz.

– Nasıl yani?

– Hazırlan, seninle bir yere gideceğiz.

Ve ikisi molla kılığında çıkarlar yola. Görünen o ki, padişah hâlâ gördüğü rüyanın tesirindedir ve gideceği yeri iyi bilir. Seri, kararlı adımlarla Beyazıt'a çıkar, döner Vefa'ya, Zeyrek'ten aşağılara salınır. Unkapanı civarında soluklanır. Etrafına daha bir dikkatle bakınır. İşte tam o sırada yerde yatan bir ceset çarpar gözlerine, "Kimdir bu?" diye sorarlar.

Ahali; "Aman hocam hiç bulaşma" der. "Ayyaşın menhusun biri işte!.."

– Nerden biliyorsunuz?

– Müsaade et de bilelim yani. Kırk yıllık komşumuz...

Bir başkası tafsilata girer:

– Biliyor musunuz, aslında iyi sanatkârdı. Azaplar çarşısında çalışır, nalının hasını yapardı. Ancak kazandıklarını sefahete harcardı. Hem şişe şişe şarap taşırdı evine, hem de nerde namlı mimli kadın varsa takardı peşine...

Hele yaşlılardan biri çok öfkelidir.

– İsterseniz komşulara sorun. Sorun bakalım onu bir cemaatte gören olmuş mu?..

Hâsılı, mahalleli döner ardını gider. Bizim tebdili kıyafet mollalar kalıverirler ortada!..

Tam vezir de toparlanıyordur ki, padişah keser yolunu :

– Nereye?

– Bilmem, bu adamdan uzak durmayı yeğlersiniz sanırım.

– Kimseye bir şey diyemem... Millet bu, çeker gider. Ama biz gidemeyiz, şöyle veya böyle tebaamızdır. Defini tamamlamak bize düşer.

– İyi ya, saraydan birkaç hoca yollar, kurtuluruz vebalden.

– Olmaz, rüyadaki hikmeti çözemedik daha.

– Peki ne yapmamı emir buyurursunuz?

– Mollalığa devam... Naaşı kaldırmalıyız en azından.

– Aman efendim, nasıl kaldırırız?

– Başbayağı kaldırırız işte.

– Yapmayın, etmeyin sultanım, bunun yıkanması, paklanması var. Tekfini, telkini var...

– Merak etme ben beceririm. Ama önce bir gasilhane bulmalıyız.

– Şurada bir mahalle mescidi var ama...

– Olmaz, vefat eden sen olsaydın nereden kalkmak isterdin?

– Ne bileyim, Ayasofya'dan, Süleymaniye'den, en azından Fatih Camii'nden...

– Ayasofya ile Süleymaniye'de devlet erkanı çoktur, tanınmak istemem. Ama Fatih Camii'ni iyi dedin. Hadi durma, yüklenelim...

Ve gelirler camiye. Vezir sağa sola koşturur, kefen, tabut bulur. Padişah bakır kazanları vurur ocağa... Usulü erkanınca bir güzel yıkarlar ki, naaş ayan beyan güzelleşir sanki. Bir nurdur, aydınlanır alnında. Yüzü sâkilere hiç benzemez. Hem manâlı bir tebessüm okunur dudaklarında. Padişahın kanı ısınmıştır bu adama, vezirin de keza... Meçhul nalıncıyı kefenler, tabutlar, musalla taşına yatırırlar. Ama namaz vaktine bir hayli vardır daha... Bir ara vezir sıkıntılı sıkıntılı yaklaşır. "Sultanım," der. "Yanlış yapıyoruz galiba..."

– Nasıl yani?

– Heyecana kapıldık, sorup soruşturmadan buraya getirdik cenazeyi. Kim bilir belki hanımı vardır, belki de yetimleri...

– Doğru, öyle ya, neyse... Sen başını bekle, ben mahalleyi dolanıp geleyim.

Vezir, cüzüne, tespihine döner, padişah garip maceranın başladığı noktaya döner. Nitekim sorar soruşturur. Nalıncının evini bulur. Kapıyı yaşlı bir kadın açar. Hadiseyi metanetle dinler. Sanki bu vefatı bekler gibidir. "Hakkını helal et evladım" der. "Belli ki çok yorulmuşsun."

Sonra eşiğe çöker, ellerini yumruk yapar, şakaklarına dayar... Ağlar mı? Hayır. Ama gözleri kısılır, hatıralara dalar belki. Neden sonra silkinip çıkar hayal dünyasından... "Biliyor musun oğlum?" der. "Bizim efendi bir âlemdi, vesselam... Akşamlara kadar nalın yapardı. Ama birinin elinde şarap şişesi görmesin; elindekini avucundakini verir satın alırdı. Sonra eve getirip dökerdi helaya!.."

– Niye?

– Ümmeti Muhammed içmesin diye...

– Hayret...

– Sonra, malum kadınların ücretlerini öder onları da getirirdi eve. "Ben sizin zamanınızı satın aldım mı? Aldım" derdi. "Öyleyse şimdi dinlemeniz gerek..." O çeker gider, ben menkıbeler anlatırdım onlara... Mızraklı ilmihalden, Hücceti İslam'dan okurdum...

– Bak sen! Millet ne sanıyor halbuki...

– Milletin ne sandığı umurunda değildi ki. Hoş, o hep uzak mescitlere giderdi. "Öyle bir imamın arkasında durmalı ki, derdi. Tekbir alırken Kabe'yi görmeli..."

– Öyle imam kaç tane kaldı şimdi?

– İşte bu yüzden Nişancı'ya, Sofular'a uzanırdı ya... Hatta bir gün; Bakasın Efendi, dedim. Sen böyle yapıyorsun ama komşular seni kötü belleyecek, inan cenazen kalacak ortada...

– Doğru, öyle ya?..

– Kimseye zahmetim olmasın deyip, mezarını kendi kazdı bahçeye. Ama ben üsteledim. İş mezarla bitiyor mu, dedim. Seni kim yıkasın, kim kaldırsın?

– Peki o ne dedi?

– Önce güldü, sonra verdi cevabın; "Allah büyüktür hatun" dedi. "Hem işi ne padişahın?"

HOŞ NASİHAT...

- Allahın kullarına, Onun rızası için iyilik yapın.

- Herkese mi?

- Evet, kim olursa olsun.

- Ama iyilik yaptığımız kimselerden bazen kötülük görüyoruz.

- Olsun. Siz yine de iyilik yapın.

- Yine kötülük yaparlarsa?

- Siz yine iyiliğe devam edin.

- Neden?

- Çünkü siz Allah için iyilik yapıyorsunuz, o insan için değil...

SEVGİLERDE

Sevgileri yarınlara bıraktınız
Çekingen, tutuk, saygılı
Bütün yakınlarınız sizi yanlış tanıdı.

Bitmeyen işler yüzünden
(Siz böyle olsun istemezdiniz)
Bir bakış bile yeterken anlatmaya her şeyi
Kalbinizi dolduran duygular
Kalbinizde kaldı.

Siz geniş zamanlar umuyordunuz
Çirkindi dar vakitlerde bir sevgiyi söylemek.
Yılların telaşlarda bu kadar çabuk
Geçeceği aklınıza gelmezdi.

Gizli bahçenizde açan çiçekler vardı,
Gecelerde ve yalnız.
Vermeye az buldunuz
Yahut vakit olmadı.

(Behçet Necatigil)

◎ Doğruluk nedir?

Kötülüğü iyilikle savmaktır.

◎ Şeref nedir?

Gerektiğinde suçu üstlenmektir.

◎ İnsanlık nedir?

İffetli olmak ve hâlini iyileştirmektir.

◎ Alçaklık nedir?

Küçük hesaplar yapmaktır.

◎ Kınanmaya sebep nedir?

Nefsini korumak ve birinin sırrını açığa vurmaktır.

◎ Cömertlik nedir?

Darlıkta da varlıkta da eli açık olmaktır.

◎ Cimrilik nedir?

Hayra harcadığını telef etmiş saymaktır.

◎ Kardeşlik nedir?

Zorlukta ve dirlikte vefalı olmaktır.

◎ **Korkaklık nedir?**

Dosta cüretli olup, düşmandan geri durmaktır.

◎ **Ganimet nedir?**

Takvalı olmaya çalışmaktır.

◎ **Hilm nedir?**

Gerektiğinde öfkeyi yutmaktır.

◎ **Zenginlik nedir?**

Kısmetine razı olmaktır.

◎ **Fakirlik nedir?**

Her şeye arzu duymaktır.

◎ **Zillet nedir?**

Sözünü yerine getirmekte geri durmaktır.

◎ **Külfet nedir?**

Seni ilgilendirmeyen şeyleri konuşmaktır.

◎ **Kötülük nedir?**

Nefsin peşine takılmaktır.

◎ **İyilik nedir?**

İnsana yakışanı yapmaktır.

***

Onlar iyi olanı önerir, kötülükten alıkoyarlar. Hayır yapmak için koşuşurlar. Onlar iyilerdendir. Yaptıkları iyiliklerin hiçbiri karşılıksız bırakılmayacaktır. Allah içtenlikle inanarak kötülüklerden sakınanları bilir.

(Âl-i İmran: 114-115)

***

Kim yaşamdan zevk almak, iyi günler görmek istiyorsa, dilini kötülükten, dudaklarını yalandan uzak tutsun. Kötülükten sakının, iyilik yapın. Esenliği amaçlayın, ardınca gidin.

(Mezmurlar: 34)

***

Kötülüğü değil, iyiliği arayın ki yaşayasınız ve böylece Rab, orduların İlah'ı, dediğiniz gibi sizinle beraber olur. Kötülükten nefret edin ve iyiliği sevin ve hakkı pekiştirin...

(Amos: 5)

KENDİNE BİR İYİLİK YAP!

* Zaman zaman "bilmemenin" verdiği rahatlığın keyfini sür.

* Uzun zamandır aramadığın bir arkadaşını ara.

* Bırak ilgiyi başkaları toplasın.

* Ayda bir kez istediğin birine içten bir mektup yaz.

* Çok sevdiğin bir eşyanı ihtiyacı olan birine hediye et.

* Trafikte ılımlı biri ol.

* Aileni ihmal etme.

* Güzel bir kumbara al, her günün sonunda tüm bozuk paralarını kumbaraya at, biriken parayla ihtiyacı olan bir çocuğa bayramlık ayakkabı al.

* Ellerini al eline. İncele onları, nasıl birer mucize olduklarını ve ellerin olmasaydı hayatının nasıl olacağını düşün.

* Bir hayat kurtar.

* Zaman zaman eski Türk filmlerini seyret.

* Türkü dinle.

* Gerçekçi ol, ama bu seni hayal kurmaktan alıkoymasın.

* Şüphecilere, yoldan döndürücülere, zorlaştırıcılara, erteleyicilere, vaatçilere, tembellere, mazeretçilere, söylenicilere kulak asma.

KENDİNE BİR İYİLİK YAP!

* Kendine bir sosyal yardım konusu seç.

* Öfken kabarmaya başladığı zaman gidip yüzünü yıka ya da içinden ona kadar sayıp biraz su iç.

* Aynı hatayı sürekli tekrarlama.

* Uyuşturucu kullanma, kullananlara yaklaşma.

* Kimsenin sözünü kesme.

* Akşamları kendine 15 dakika ayır. Mum ışığında oturup, etraftan susturabildiğin tüm sesleri susturarak kalbinin senini duymaya çalış. Ve içindeki sesin sana fısıldadıklarını küçük bir deftere yanına tarihini de yazarak not et.

* Korkularını güvendiğin biriyle paylaş.

* İdeallerini iyi belirle ve hiçbir şey uğruna ideallerinden ödün verme.

* Zihnini sessizleştir.

* Her yemekten önce ve sonra şükret.

* Egzersiz yapacağın zaman ya da bir işe başlamadan önce biraz bekle. Önce düşünüp konsantre ol. Bu, gücünü artırır ve kaslarını çalışmaya hazırlar.

* Her yaptığın kötü şey, söylediğin her yalan, ettiğin her gıybet için mukabilinde hemen o gün bir iyilik yap.

* Ön yargılı olduğun konuları belirle.

MUTLULUK İYİLİKTEDİR

Dünyada uşakların da bulunması zorunludur, ama insan öyle davranmalı ki, evindeki uşağı herhangi bir insandan daha özgür hissetmeli kendini.

Niçin hizmetçimin hizmetçisi olmayayım? Bu, benim gururuma dokunmamalı, hizmetçimi de korkutmamalı. Niçin hizmetçimi yakın akrabam yerine koyamayayım, sonunda aileme alamayayım, onu bağrıma basamayayım?

İnsanların gelecekteki görkemli kardeşliğinin temeli de bu olacaktır. O zaman insan hizmetçi aramayacaktır kendine, bir insanın hizmetçi olmasını da istemeyecektir. Tam tersine, İncil'de söylendiği gibi, kendisi herkesin hizmetçisi olabilmeyi isteyecektir bütün varlığıyla.

Mutluluğun şimdiki gibi oburlukta, rezalette, gösterişte, kendini övmede, başkalarına göre yüksek olmakta değil de, yalnızca yüce kahramanlıklarda, iyilikte olduğunu kişioğlunun sonunda anlayacağı bir hayal midir?

(Dostoyevski)

MÜNAZARAT'tan...

- Çok iyiler var ki, iyilik zannıyla fenalık yapıyorlar.
- Nasıl iyilikten fenalık gelir?
- Muhali talep etmek, kendine fenalık etmektir...

DENİZ YILDIZI

Yazı yazmak için okyanus sahillerine giden bir yazar, sabaha karşı kumsalda dans eder gibi hareketler yapan birini görür.

Biraz yaklaşınca, bu kişinin sahile vuran denizyıldızlarını, okyanusa atan genç bir adam olduğunu fark eder. Genç adama yaklaşır: "Neden denizyıldızlarını okyanusa atıyorsun?"

Genç adam yanıtlar: "Birazdan güneş yükselip, sular çekilecek. Onları suya atmazsam ölecekler."

Yazar biraz şaşırmıştır. "Fakat" der "kilometrelerce sahil, binlerce denizyıldızı var. Ne fark eder ki?"

Genç adam eğilir, yerden bir denizyıldızı daha alır, okyanusa fırlatır: "Onun için fark eder..."

- İnsanlara teşekkür etmeyen, Allaha şükretmiş olmaz.

- Merhamet edenlere Rahman da merhamet eder. Yeryüzündekilere merhamet edin ki, göktekiler de size merhamet etsin.

- Duasının kabul edilmesini ve sıkıntısının giderilmesini isteyen, sıkıntıda olan borçluya yardım etsin.

- Her kim, Müslüman kardeşini bir günah yüzünden ayıplarsa, onu kendisi de işleyinceye kadar ölmez.

- Mümin, kusur bulucu, lânet edici, azgın ve hayâsız olamaz.

- Birbirinizle el sıkışın ki, kalplerdeki düşmanlık silinsin. Hediyeleşin ki, birbirinizi sevesiniz ve aradaki dargınlıklar böylece kalksın.

- Kendiniz için istediğinizi, kardeşiniz için de istemedikçe gerçek mümin olamazsınız.

- Hatalarınızdan sonra iyilik yapın ki, kötülükleriniz silinsin.

(Hadisler'den)

İNSANLIK YEMEĞİ

Bir bardak dolusu gülümseme ile başla.

Bir kap dolusu dostluk ilave et.

Bir tutam yumuşaklık ve biraz da nezaket tozu ile kabart.

Bir kaşık ümit, bir büyük porsiyon yardımlaşma, çok miktarda ilim ve bir tutam alçakgönüllülük ile çırp.

Kuvvetlendirmek için de bir çorba kaşığı güvene ihtiyacın olacak.

Bir sadakat kasesi içinde bir ölçü inanç, iki ölçü aklıselim ve birkaç damla hoşgörüyü azar azar ilave ederek sevgi ile karıştır.

İki kaşık gülücük, bir kaşık sabır ve bir tutam övgü ilave et.

Şevk ile hiç durmadan karıştırıp, şükran ile tatlandır...

...

Zengin bir adam, ilim adamlarından birine:

"Bin altınım var, size versem ne dersiniz?" diye sorduğunda, şu cevabı almış:

"Verirsen, senin için iyi olur. Vermezsen de benim için."

...

Öyle bir hâle geldik ki,
insan borcunu ödedi mi,
büyük bir iyilik etmiş sayılıyor...
Terentius

İYİ İNSAN ÖYLEDİR Kİ:

Kendisine verilenden o da verir, cimrilik etmez...

Yaptığı yardımı başa kakıp zayi etmez...

Kibirden, gururdan bencillikten uzak durur...

Gereksiz konuşmaz, konuşursa dürüst konuşur...

Yapamayacağı şeyi 'yaparım' demez...

Her işinde adildir, kimseye zulmetmez...

İnsanların kusurlarını görmezden gelir...

Boş sözlerden, boş işlerden yüz çevirir...

Kendi günahını büyük görür, affı için yalvarır...

Kötü zandan, gıybetten, laf taşımaktan sakınır...

Kimseyi hakir görmez...

Emanete ihanet etmez...

Söz verdi mi sözünde durur...

Namusunu, iffetini korur...

Her ne yaparsa güzel yapmaya çalışır...

Hakkı ve sabrı tavsiye eder, hayırda yarışır...

IŞIĞI KENDİNDEN...

İnsanlara liderlik eden kimsede şu özellikler bulunmazsa, o kişi liderlik yapamaz:

Kusurları örtücü ve bağışlayıcı olması...

Doğru sözlü ve iyiliksever olması...

Şefkatli ve yumuşak olması...

Misafirperver ve cömert olması...

Âlim ve cesur olması...

İyiliği emredip kötülüklerden men edici olması...

(Geylani)

Güneş, ışığından ve sıcağından yararlandırmak için kendisine yalvarılmasını beklemez.
Sen de güneş gibi ol, beklenilen iyiliği senden istenilmeden yap.

Epiktetos

İYİLİK ve KÖTÜLÜK

Ve şehrin yaşlılarından biri "Bize iyilik ve kötülükten bahset." dedi.

Ve o cevap verdi:

Yalnızca içinizdeki iyilikten bahsedebilirim, kötülükten değil. Çünkü kötülük, kendi açlık ve susuzluğu içinde azap çeken iyilikten başka ne olabilir ki?

Gerçekten de iyilik, acıktığında en karanlık mağaralarda bile yiyecek arar ve susadığında, kirli, durgun sulardan bile içer.

Siz, kendinizle bir olduğunuzda iyisiniz; bununla birlikte, kendinizle bir olmadığınızda, kötü değilsiniz. Çünkü parçalanmış bir aile, eşkıyaların ini değildir; sadece parçalanmış bir ailedir. Ve dümensiz bir gemi, tehlikeli adalar arasında amaçsızca dolaşır durur, ama dibe batmaz.

Siz, kendinizden bir şeyler vermeye çabaladığınızda iyisiniz; kendiniz için bir kazanç sağlamaya çalıştığınızda ise, kötü değilsiniz.

Çünkü, bir şey kazanmak için uğraştığınızda, toprağa tutunan ve onun göğsünde beslenen bir kök gibisiniz. Elbette ki, meyve köke "Benim gibi, olgun, dolgun ve bol bol veren ol." demez çünkü, almak nasıl kök için bir ihtiyaçsa, meyve için de vermek bir gereksinimdir.

Konuşurken tamamen uyanıksanız, iyisiniz. Ama, diliniz anlamsızca kekelerken uyukluyorsanız, kötü değilsiniz; Ve sürçen bir konuşma bile, zayıf bir dili güçlendirebilir.

Amacınıza doğru sağlam ve cesur adımlarla ilerlediğinizde iyisiniz. Fakat oraya topallayarak gittiğinizde de, kötü değilsiniz. Çünkü topallayanlarınız bile geri gitmez. Fakat güçlü ve hızlı olanlarınız, incelik gösterin ve topal birinin yanında asla topallamayın.

Siz, sayısız konuda iyisiniz ve iyi olmadığınızda ise, kötü değilsiniz, sadece oyalanıyor ve tembellik ediyorsunuz. Ne yazık ki, geyikler kaplumbağalara çevikliği öğretemiyor.

İyiliğiniz, enaniyetinize duyduğunuz özlemde saklı ve bu özlem her birinizde mevcut. Ancak bazılarınızda bu özlem, yamaçların gizemini ve ormanın ezgilerini taşıyarak, büyük bir güçle denize doğru akan bir sel gibidir.

Ve diğerlerinde ise, dönemeçlerle ve kavislerle yolunu kaybeden, kıyıya ulaşmadan önce oyalanıp duran durgun bir ırmağa benzer.

Yine de özlemi fazla olanın, az olana "Neden bu kadar yavaşsın, neden duraklıyorsun?" demesine izin vermeyin. Çünkü gerçekten iyi olan, ne çıplak birine, "Neden elbisen yok?" diye sorar, ne de evsiz olana "Evine ne oldu?" der.

(Halil Cibran)

KÖTÜ HUYLU BİR KİŞİ

Dedi ki: Kötü insan, kötü bilir herkesi.
Bulunmaz kendisinde, merhametin zerresi.

Nankördür, eşe dosta hiç değildir vefakâr.
Bir iyilik yapsa da, sonradan başa kakar.

Bilmez helal haram, sakınmaz günahlardan.
Kimseyle geçinemez, incinir herkes ondan.

Hatta o, çok yapsa da nafile ibadeti,
Alamaz sevap ecir, boşa gider zahmeti.

Hadiste buyuruldu: Kötü huylu kimseler,
Huyları sebebiyle, Cehenneme girerler.

Kötü huylu bir kişi, benzer kırık testiye.
Ne yama kabul eder, ne de döner eskiye.

Öyle fenalıktır ki kötü huy bir insanda,
Görmez iyiliğinin faydasını mizanda.

İster ki, başkasına zarar versin durmadan.
Zira böyle kişiler, zevk alır hep bunlardan.

Halbuki kuyu kazsa, birine, biri eğer,
Kazdığı o kuyuya, evvela kendi düşer.

(Abdullatif Uyan)

İYİLİK KAPISI

Birisi çölde bir köpek gördü. Baktı ki hayvancağız susuzluktan ölmek üzere.

Adam başından külahını çıkarıp kova yaptı ve sarığını da çözüp ip yaparak kollarını sıvayıp orada bulunan bir kuyudan su çekti ve köpeğe verdi. Zavallı hayvan su içti ve canlandı.

Hazret-i Peygamber keyfiyeti öğrendikten sonra Cenabı Hak, o adamın günahlarını bağışladığını haber verdi.

Dostum! Zâlim isen sonunu düşün. Vefadâr, vefakâr ol, iyilik yapmaya alış ve bunu kendine meslek edin.

Bir köpeğe yapılan iyilik Allah'ın yanında zayi olmuyor da bir insana yapılan iyilik mi zayi olur sanırsın?

Cenabı Hakk iyilik kapısını kimseye kapamamıştır. Elinden geldiği kadar iyilik et.

Bir zenginin, hazinesinden bir kantar altın vermesi, bir fakirin elinin emeğiyle kazandığından verdiği bir kırat gümüş kadar bile olamaz.

Herkes kendi gücü kadar yük kaldırabilir. Çekirgenin ayağı karıncaya ağır gelir.

(Bostan'dan)

Birisine karşılık veremeyeceği
bir iyilik yapmadıysan,
mükemmel bir gün nasıldır
hiç bilmiyorsun demektir.
Ruth Smeltzer

...

Bir bedevi, Peygamberin yanına gelip dedi ki:

"Siz çocuklarınızı öpüyorsunuz, biz öpmeyiz."

Peygamber şöyle dedi:

"Allah sizin kalbinizden merhameti çıkarmışsa ben ne yapabilirim ki?"

...

KENDİNE BİR İYİLİK YAP!

* Kendi işinle ilgilen.

Babana uzaktan kumandalı bir araba, annene de oyuncak bir çay takımı hediye et.

* Kendin için bir çiçek dik.

* Bilgisayarındaki kullanmadığın dosya ve klasörleri hemen şimdi sil.

* Hayatındaki problemlere "Şu anda bununla sınanıyorum" diye bak.

* Yaşamını önce haftalardan günlere, günlerden saatlere, sonra saatlerden dakikalara; dakikalardan da saniyelere indirge.

* Başarmak hiçbir zaman asıl hedef değildir. Neticeleri yaratan Allah'tır unutma.

* Hazmetmediğin bilgiyi telkin etme.

* Karşılığını beklemeden bir iyilik yap.

* Bilmediğin kısa bir duayı ezberlemeye çalış.

* Bir komşular eğlencesi düzenle. Herkesin posta kutusuna bir not bırakarak eğlenceye davet edebilirsin. Gelenler bir tabak yiyecek getirir. Bu eğlence bir evde olabileceği gibi, bahçede, sokakta ya da bir parkta da olabilir.

* Evdekilere birbirinizde en çok sevdiğiniz 10 özelliğin listesini yapmayı öner. Bu listeleri görünür bir yere as.

* Bir bebeğin altını değiştir.

KENDİNE BİR İYİLİK YAP!

* Sevgi ve dostlukta ilk adımı atan sen ol.

* Hizmet vermeyi yaşamının değişmez bir parçası haline getir.

* Bir meyve fidanı dik.

* Bir hafta televizyonu fişten çek.

* Herkesten öğrenebileceğin bir şeyler olduğunu bil.

* Sahip olduğunu sandığın şeylerin aslında sana sahip olup olmadıkları konusunda kendini test et.

* İlkyardım yapmasını öğren.

* Fırtına çıktığında ışıkları söndürüp pencereni aç. Camın kenarında oturup bir fincan sıcak çay eşliğinde o muhteşem manzarayı izle.

* İnandığın gibi yaşa.

* Cebinde ya da çantanda küçük renkli akide şekerleri bulundur.

* İçinden geliyorsa gülümse. İçinden gülümsemek gelmiyorsa da surat asma.

* Herkese hakkını ver, adil ol. Hak etmeyene vermemek de adalettir unutma.

* Bir gün boyunca hiç konuşma.

* Sorumluluğunu üzerinde hissettiğin şeylerin bir listesini çıkar. Gereksizleri hayatından ele.

* Senden çok ya da az parası olanlarla paran hakkında konuşma.

İNSANLIK DERSİ

Ünlü İtalyan sinema sanatçısı Vittorio de Sica bir TV röportajında anlatıyor:

İtalya'da Napoli'nin kenar mahallelerinden birinde, bir kafede kahvelerimizi içiyorduk. İçeri giren müşterilerden biri, garsona, "İki kahve, biri askıda" dedi. İki kahve parası verip, bir kahve içip gitti. Garson da tezgahın üzerinde asılı duran çiviye bir küçük kağıt astı.

Biraz sonra iki kişi daha girdi içeri. İçlerinden biri "Üç kahve, biri askıda" diye seslendi. Üç kahve parası verip, iki kahve içip gittiler. Garson tezgahın üstündeki çiviye bir küçük kağıt daha astı.

Derken üstü başı biraz eski püskü, belli ki fakir biri, kafeden içeri girdi. Garsona "Askıdan bir kahve" dedi. Garsonun getirdiği kahveyi içip, para ödemeden çıkıp gitti. Garson da tezgahın üzerine asmış olduğu kağıtlardan bir tanesini aşağı indirdi...

NE MUTLU İYİLERE!

- Ne mutlu merhametlilere; onlar kıyamet günü rahmete erişecekler.
- Ne mutlu insanların arasını bulanlara; onlar kıyamet günü Allah'ın dergâhına yakın olacaklar.
- Ne mutlu kalpleri temiz olanlara; onlar kıyamet günü Allah'ın nimetlerine kavuşacaklar.
- Ne mutlu alçak gönüllülere; onlar kıyamet günü saltanatlara sahip olacaklar.
- Ne mutlu yoksullara; gök melekutu onlar içindir.
- Ne mutlu mahzunlara; onlar sevinecekler.
- Ne mutlu Allah korkusundan açlık ve susuzluk çekenlere; onlar doyurulacaklar.
- Ne mutlu iyilik yapanlara; onlar "Allah'ın seçkinleri" diye çağrılacaklar.

(Hz. İsa)

EN İYİ NASİHAT İYİ ÖRNEK OLMAKTIR

Bir şiir ateşle. Bir yumruk yükselt. Sesini yükselt. Bir çocuk yetiştir. Duvara bir slogan yaz. Şehitleri an. Bir hayal kur. Tarihine sahip çık. Sokaklara sahip çık. Bir slogan at. Bir tohum ek. Bir ateş yak. Terle. Bir yara sar. Bir dosta sevgi göster. Hakikati söyle. Arkanı kolla. Gökyüzüne bak. İz bırakma. Aklını kullan. İşçilerden öğren. Bir yoldaşa öğret. Bir hücreyi ziyaret et. Bir savaş esiri kurtar. Kendi kalbini çal. Parolayı aklında tut. Bir füzeyi boz. Bir fıkra anlat. Bir plan yap. Bir umut ışığı ol. İsmini değiştir. Bir teoriyi test et. Bir dogmaya meydan oku. Korkunu kullan. Bir damla gözyaşı akıt. Hainlerle hesaplaş. Ağırlığını hakkıyla taşı. Sevmek için mücadele et. Sevdiğini söyle. Çizgileri aş. Sevdiğini bir daha söyle.

(Malcolm X)

GELDİ GEÇTİ ÖMRÜM

Geldi geçti ömrüm benim
Şol yel esip geçmiş gibi
Hele bana şöyle geldi
Şol göz yumup açmış gibi

İşbu söze Hak tanıktır
Bu can gövdeye konuktur
Bir gün ola çıka gide
Kafesten kuş uçmuş gibi

Miskin Âdem oğlanını
Benzetmişler ekinciye
Kimi biter kimi yiter
Yere tohum saçmış gibi

Bir hastaya vardın ise
Bir içim su verdin ise
Yarın orda karşı gele
Hak şarabın içmiş gibi

(Yunus Emre)

İZLENESİ FİLMLER

İyilik Yap İyilik Bul

ABD 2001 / Yönetmen: Mimi Leder

Birisine gerçekten yardımı dokunan bir iyilik yapıyorsunuz ve ona bunun karşılığının sizin dışınızda üç kişiye gerçek birer iyilik yapmak olduğunu söylüyorsunuz. Ve bu yeni üç kişi de diğer yeni üç kişiye yardım yapıyor ve bu şekilde evrensel bir iyilik zinciri kuruluyor. İmkansız mı? Trevor McKinney öyle düşünmüyor ama...

Acı tatlı olaylarla dolu bu hikâyede Trevor, okuldaki sosyal çalışmalar projesi için iyilik yapma zincirini başlatan bir öğrenci. Yürekten hissedilmiş bir arzunun gücünü görmek isteyenlere tavsiye edilir...

Patch Adams

ABD 1998 / Yönetmen: Tom Shadyac

Konusu gerçek yaşamdan alınan filmde, Patch Adams akıl hastanesinde geçirdiği zaman içinde hemşire ve doktorların hastalara davranışlarındaki soğukluğa ve sertliğe yakından şahit olur.

Hastaneden çıktıktan sonra bütün bunları değiştireceğine dair kendine bir söz verir ve Virginia Tıp Okulu'na kaydolur. Fakir insanların ücretsiz olarak tedavi edilebilmeleri için gönüllü öğrenci doktorların çalıştırdığı ve hastaların ilaçla değil şefkat ve moralle tedavi edildiği bir klinik açar.

İyi bir insan olmanın ödenmesi gereken acı bir bedeli var mı? İnsanî bir film...

Cennetin Çocukları

İRAN 1997 / Yönetmen: Majid Majidi

Film, modern dünyanın hayatları parçalayıp yutan, insanîlikten ayıran ve çözülmeye neden olan zihniyetine karşı ayakta durmayı başarabilen bir anlayışı işliyor. İran sinemasının dünyaya örnek teşkil eden başarılı yapımlarından olan film değerlerine, inançlarına sarılan insanların hayata tutunuşlarını kaybolan bir çift eski ayakkabı üzerinden başarıyla anlatıyor. İzlenmediğinde hep bir şeylerin eksik kalacağı türden bir film...

...İYİ ARKADAŞ...
Yalnızlıktan hayırlıdır.

...YALNIZLIK...
Kötü arkadaştan hayırlıdır.

...İYİLİĞİ TAVSİYE ETMEK...
Susmaktan hayırlıdır.

...SUSMAK...
Kötü öğüt vermekten hayırlıdır.

Allah'ın size emrettiği gibi kardeş olun!
Gereksiz yere rekabete girmeyin!
Birbirinize sırt çevirmeyin!
Birbirinizi kıskanmayın!
Başkalarının gizli konuştuklarını yaymayın!
Birbirlerinizin ayıplarını araştırmayın!
Birbirinize kin tutmayın!

İYİ GİDİYORSUN...

☆ Her şeyden evvel, ana dilini iyi konuşmayı ve iyi yazmayı öğren, insan için en faydalı olanı kendi ana dilidir.

☆ Dil bilgisi bir gaye değil, bir vasıtadır. Asıl gaye olan, fikir zenginliğidir.

☆ Kişinin kıymeti dilinin altında ve kaleminin ucunda gizlidir. Onu söz ve yazı açığa vurur.

☆ Bir işi yapıp yapmamakta kararsızlığa düştüğün vakit, iki şıktan her birinin fayda ve zararlarını iyice hesapla. Faydası çok, zararı az olan şıkkı tercih et.

☆ Bir işe öfkeli ve sinirli iken karar verme. Bekle, öfken geçsin. Zira öfke ile kalkan zararla oturur.

☆ Çok konuşma. Yerinde ve özlü konuş. Kıymet ve tesir çok sözde değil, yerinde ve özlü sözdedir.

☆ Dilini tut ve bil ki, dil yarası bıçak yarasından daha vahimdir.

☆ Kimsenin yüzüne karşı söyleyemediğini arkasından söyleme ve bil ki arkadan konuşma, korkaklığın en iğrenç şeklidir.

☆ Kimsenin cahilliğini yüzüne vurma. İnsanları en çok kızdıran ve gücendiren, cahilliklerinin yüzlerine vurulmasıdır.

☆ Yalan söyleme. Yalan söyleyen, tutulmak korkusu içinde yaşayan hırsız gibidir.

☆ Bir kimseye söz vermeden evvel iyi düşün. Fakat verdiğin sözden dönme. Sözden dönmek yalancılığın en çirkinidir.

☆ Daima olduğun gibi görün, göründüğün gibi ol. Olduğundan fazla görünmek isteyen, karşısındakilere kendisinin ahmaklığını göstermiş olur.

☆ Kimseye karşı kin tutma ve kimsenin muvaffakiyet ve saadetini kıskanma, fakat imren, gene de öyle bir muvaffakiyet ve saadete erişmeye çalış. İmrenmek terakkinin şartıdır. Kin ve kıskançlık ise, iç ferahlığının, sağlık ve saadetin iki azgın düşmanıdır.

☆ Dost kazanmak için cömert ol. Bil ki hasisin dostu yoktur.

☆ Gençliğinde iyi arkadaş kazan. Yaşlılıkta kazanılan arkadaşlık sağlam olmaz. Zira paslı teneke lehim tutmaz.

☆ Gençlik güzelliğine şans denilen kör kuvvet bile âşıktır. Gençliğini boş yere harcama, onu kıymetlendirmeyi bil.

☆ Herkesçe beğenilen asıl güzellik, ahlâk güzelliğidir. Çünkü ahlâkı güzel insan her yaşta güzeldir.

☆ Ahlâkını güzelleştirmeğe daima çalış. Ahlâk güzelliği insan için en kıymetli bir servettir.

☆ En yakın arkadaşlarına bile şakaların zarif olsun. Kaba şakadan hayvan bile hoşlanmaz.

☆ Dost ol, tâ ki sana da dost olsunlar.

☆ Dostluğunu kötü günde göster, tâ ki kötü gün dostu bulasın.

☆ Dostlarına vefalı, düşmanlarına müsamahalı ol ve yere yıktığın düşmanını tekmeleme, âlicenaplık göster. Vefa ve âlicenaplık yüksek ahlâkın iki parlak şiarıdır.

☆ Kadınlara hürmet et. Düşün ki, kadınlık insanlığın anasıdır.

☆ Ana baba âhı alma. Ana baba ânının zehrini içen kurtulamaz.

☆ Yaşlıların tecrübesinden faydalan ve tecrübe edilmişi yeniden tecrübeye kalkışma, tâ ki pişman olmayasın.

☆ Sonunda pişman olacağın bir işi başında düşün.

☆ Büyüklere hürmet et. Tâ ki büyüdüğün zaman sen de küçüklerden hürmet göresin.

☆ Küçüklere şefkat göster. Tâ ki büyüdükleri zaman onlardan şefkat görmeye hakkın olsun.

(Gençlerle Baş Başa'dan...)

AKIL SAHİPLERİNE...

Bir adam hiç hayır işlemezdi, sadece borç para dağıtırdı. Geri alma zamanı gelince, adamına:

"İmkânı olanlardan al, durumu uygun olmayıp sıkıntıda olanlardan alma, belki Allah da bizim günahlarımızı bağışlar," derdi.

Nihayet adam öldü. Allah ona sordu:

"Herhangi bir iyi amelin var mı?"

"Hayır, sadece halka borç para dağıtırdım, geri alma zamanı gelince, hizmetçimi şöyle diyerek gönderirdim: Durumu uygun olanlardan al, olmayanlardan alma. Allah da belki bu sebeple bizi bağışlar."

Allah ona şöyle buyurdu:

"Ben de seni affedip, günahlarından geçiverdim."

DÜNYA KAÇ METRE?

Nasrettin Hoca'ya sorarlar:

-Hocam, dünya kaç metre?

Tam o sırada bir cenaze geçiyordur yanlarından. Hoca onu göstererek cevaplar:

-Ona sor! Bak, ölçmüş biçmiş, gidiyor!..

❁ ❁ ❁

Kimse işe yaramaz değildir.
En azından kötü örnek olabilir.

AFORİZMA

A.'nın burnu pek havalarda, iyilik yolunda hayli ilerlediğini sanıyor. Bunun nedeni kendini giderek daha çok ayartı karşısında hissetmesi ve üstelik ayartıların şimdiye dek hiç fark etmediği yönlerden geldiğini düşünmesidir. Ama bunun gerçek nedeni, büyük bir şeytanın içine girip yerleşmesi, sayısız küçük şeytanın da büyüğüne hizmet etmek için koşuşturup durmasıdır.

(Kafka)

iyilik yap, denize
bi'şeyler atıp durma artık!

Kendin için sevdiğin şeyi
başkaları için de sev...

Kendin için istemediğin şeyi
başkaları için de isteme.

Nasıl zulme uğramayı istemezsen,
sen de kimseye zulmetme.

Nasıl sana iyilik yapılsın istiyorsan,
sen de başkalarına iyilik et.

Başkasında çirkin bulduğun şeyi
kendin için de çirkin bul.

Sana söylenmesini istemediğin şeyi,
sen de başkalarına söyleme.

(Hz. Ali)

İki kişi için üzülmek gerekir.

* Biri her gün başkasının vebalini yüklenir.
* Diğeri hiçbir gün hayır işlemez.

(Beydeba)

Çünkü sen gündüz uyanık iken güzel bir söz söylersin; bazen rüyada güzel bir elma şeklinde yersin. Gündüz çirkin bir sözün, gecede acı bir şey suretinde yutarsın. Bir gıybet etsen, murdar bir et suretinde sana yedirirler. Öyle ise, şu dünya uykusunda söylediğin güzel sözlerin ve çirkin sözlerin; meyveler suretinde uyanık âlemi olan âlem-i ahirette yersin ve yemesini istibad etmemelisin.

(Otuz Birinci Sözden...)

KENDİNE BİR İYİLİK YAP!

* Yıldızları seyret.

* Her gün en az bir kişiye onun beğendiğin bir özelliğini söyle.

* Her gün bir saat kitap okumaya zaman ayır.

* Sevdiğin insanlara 'seni seviyorum' demeyi ihmal etme. Ama eskitecek kadar da sık kullanma.

* Kendini iyi hissettiğin zaman şükret, kötü hissettiğin zaman ılımlı ol.

* Evde kalp şeklinde kurabiyeler pişir, cam kavanozların içine koyup masanın üzerine bırak.

* Ağlamak güzeldir. Ağla.

* Sevdiğin bazı şiirleri ezberle.

* Tutamayacağın sözü verme, verdiğin sözü mutlaka tut.

* Yaptığın hiçbir şeyi şan ve şöhret için yapma.

* Dünya kokan insanlardan uzak dur.

* Sana nasıl davranılmasını istiyorsan sen de insanlara öyle davran.

* Kimi zaman içindeki sese uzmanlardan daha fazla güven. Aerodinamik yasalarına göre o tombul ve tüylü arının hiç uçamaması gerekiyor.

* Hayatı erteleyip durma.

Kötü huylunun hali,
kırık çömleğe benzer,
ne bir faydası dokunur
ne de tekrar toprak olur.

Münebbih

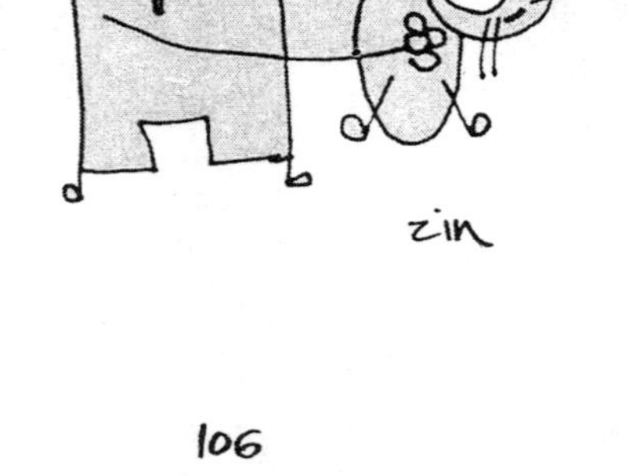

AFFET BABACIĞIM

Evlendiğinden beri evinde kalan babası yüzünden eşiyle sürekli tartışıyordu. Eşi babasını istemiyor ve onun evde bir fazlalık olduğunu düşünüyordu. Tartışmalar bazen inanılmaz boyutlara ulaşıyordu.

Yine böyle bir tartışma anında; eşi, bütün bağları kopardı ve "Ya ben giderim, ya da baban bu evde kalmayacak" diyerek resti çekti...

Eşini kaybetmeyi göze alamazdı. Babası yüzünden çıkan tartışmalar dışında mutlu bir yuvası, sevdiği ve kendini seven bir eşi ve bir de çocukları vardı. Eşi için çok mücadele etmişti evliliği sırasında. Ailesini ikna etmek için çok uğraşmış ve çok sorunlarla karşılaşmıştı. Hâlâ onu ölürcesine seviyordu.

Çaresizlik içinde ne yapacağını düşündü ve kendince bir çözüm yolu buldu. Yıllar önce avcılık merakı yüzünden kendisi için yaptırdığı kulübe tipi dağ evine götürecekti babasını. Haftada bir uğrayacak ve ihtiyacı neyse karşılayacak, böylelikle eşiyle de bu tür sorunlar yaşamayacaktı.

Babasına lâzım olacak bütün malzemeleri hazırladıktan sonra yatalak babasını yatağından kaldırdı ve kucakladığı gibi arabaya bindirdi.

Oğlu, "Baba ben de seninle gelmek istiyorum" diye ısrar edince onu da arabaya aldı ve birlikte yola koyuldular.

Karakışın tam ortalarıydı ve korkunç bir soğuk vardı. Kar ve tipi yüzünden yolu zor seçiyorlardı. Küçük çocuk, sürekli babasına "Baba nereye gidiyoruz ?" diye soruyor ama cevap alamıyordu. Öte yandan; nereye götürüldüğünü anlayan yaşlı adamsa gizli gizli gözyaşı döküyor oğlu ve torununa belli etmemeye çalışıyordu.

Saatler süren zorlu yolculuktan sonra dağ evine ulaştılar. Epeydir buraya gelmemişti. Baraka tipindeki dağ evi artık çürümeye yüz tutmuş, tavan akıyordu.

Barakanın bir köşesini temizledi, hazırladı ve arabadan yüklendiği yatağı oraya itina ile serdi. Sonra diğer malzemeleri taşıdı en son da babasını sırtlayarak yatağa yerleştirdi.

Tipi, adeta barakanın içinde hissediliyordu. Çaresizlik içinde babasını izledi. Daha şimdiden üşümeye başlamıştı ihtiyarcık. Yarın yine gelir bir yorgan ve birkaç battaniye getiririm diye düşündü.

Öyle üzgündü ki, dünya başına çöküyordu sanki. Babası, ise yüreğine bıçak saplanmış gibiydi. Yıllarca emek verdiği oğlu tarafından bir barakaya terk ediliyordu. Gururu incinmişti, içi yanıyordu ama belli etmemeye çalışıyordu.

Minik çocuk ise olanlara hiçbir anlam veremiyordu. Anlamsızca ama dedesinden ayrılacak olmanın vermiş olduğu üzüntüyle sadece seyrediyordu.

Artık gitme zamanıydı. Babasının yatağına eğildi, yanaklarını ve ellerini defalarca öptü. Beni affet der gibi sarıldı, kokladı. Artık ikisi de kendine hâkim olamıyor ve hıçkıra hıçkıra ağlıyorlardı. Buna mecburum der gibi baktı babasının yüzüne ve oğlanın elini tutup hızla barakayı terk etti.

Arabaya bindiler. Yola çıktıklarında çocuk, neden dedemi o soğuk yerde bıraktın diye ağlamaya başladı. Verecek hiçbir cevap bulamıyordu, "annen böyle istiyor" diyemiyordu. Oğlunun sorduğu: "Baba, sen yaşlandığında ben de seni buraya mı getireceğim?" sorusunu duyunca dünyası başına yıkıldı. O sorunun yöneltilmesiyle birlikte deliler gibi geri çevirdi arabayı.

Barakaya ulaştığında "Beni affet baba." diyerek babasının boynuna sarıldı. Baba oğul sıkı sıkı sarılmış çocuklar gibi hıçkıra hıçkıra ağlıyorlardı.

"Baba beni affet! Sana bu muameleyi yaptığım için beni affet!" diyordu... Babası onun bu sözlerine en anlamlı cevabı veriyordu..."Geri geleceğini biliyordum yavrum. Beni bu dağda bırakamayacağını biliyordum. Ben babamı dağ başına atmadım ki, sen beni atasın..."

Babalarınıza iyilik edin ki,
oğullarınız da size iyilik etsin...

(Hadis)

İYİLİK

Sabah... Ah şükrederek çıkmak geceden.
Ayak bastığım kıyı, yeniden doğuş.
Sabah, beliren evim, bahçeler ve sen,
Henüz uyuyan dallar, havalanan kuş.

Bu sabah bilmiyorum bu kırlar nere?
Çamlardan çimenlere dökülen sükûn.
Geçen ömrümü bana söyleyen dere,
Sessizce yaşamayı öğreten koyun.

Bir yol başlıyor gibi, ümitli, rahat.
Tanrım! Bu sabah içim senin eserin:
İyilik, teselliler, merhamet, şefkat...
İçimde bir sabahın, o kadar serin.

Bilinmez sevgililerle yıkanan göğüs.
İyilik... Ürperişi vücutta ruhun.
İyilik... Beyaz koyun, gülümseyen yüz,
Şu bahar, mavi gökler, yemyeşil sükûn.

Bu sabah gözlerimle okşadıklarım,
Her şey, bütün tabiat, ağaçlar, dere,
Ey bütün sevdiklerim ve sen ey Tanrım!
Titrek elleri öpmek, kapanmak yerlere...

(Ziya Osman Saba)

BİR KÖTÜ
BİR DE DAHA KÖTÜ HABER

Doktor hastasını telefonla arar ve hastasına bir kötü bir de daha kötü haberi olduğunu söyler. Daha sonra da ilk önce hangisini söylememi istersiniz diye sorar.

Hasta ilk önce kötü haberi duymak istediğini söyler.

Doktor hastaya "Tahlillerinizi aldım ve ne yazık ki 24 saat ömrünüz kaldı." der.

Hasta yıkılmıştır. Doktora sorar: "Bundan daha kötü haber ne olabilir ki?"

Doktor cevaplar: "Dünden beri sizi arıyorum ama telefonunuzu daha yeni düşürebildim."

İYİLİĞE DAİR

- Başkalarında iyilik, kendinde ise kötülük ara.

  (Benjamin Franklin)

- İyilikler, iade edilebilme sınırı içinde kaldıkça hoşa gider; bu sınırı aşınca şükran yerine nefret kaim olur.

  (Pascal)

- Büyük bir hasene ve iyilik, çok günahlara kefaret olur.

  (Bediüzzaman)

- Kötüler kendilerine tahammül edildikçe daha çok azarlar.

  (Tolstoy)

- İnsanların kötülüğüne son yoktur ve bunun büyük kısmı kıskançlıkla korkudan meydana gelir.

  (Andre Maurois)

- İyilik hiçbir zaman boşa gitmeyen tek yatırımdır.
(Thoreau)

- Bir dana binlerce inek arasında kendi anasını nasıl seçer ve bulursa, insanın yaptığı iyilik ve kötülükler de eninde sonunda gelir onu bulur.
(Pançatantra)

- Birinin iyi niyetini istismar etmek, o iyi niyetin başkalarına sunulmasını da engeller.
(Oblige)

- İyilikten iyilik, kötülükten kötülük doğar.
(Buda)

- Tanrı seni, senin kötülüğünden korusun.
(Ebül Hasan Büşenci)

- Kötülük yapan kimse kötülüğe uğrayandan daha talihsizdir.
(Demokrit)

- Bir kötülüğü beğenen, onu işleyenden daha kötüdür.
(Şemsettin Sami)

- Kötülüğe kolayca girilir, ama güç çıkılır.
(Madame De Maintenon)

- Bizim başkalarına ettiğimiz kötülük, başkalarının bize etiği kötülükle aynı kefeye konamaz.
(Aesopos)

İYİLİKTEN YANA AÇILAN KAYA

Bir kavimden üç kişi yolculuk ediyorlardı. Gün akşam oldu, geceyi geçirmek üzere bir mağaraya girdiler. Dağdan bir kaya yuvarlanıp mağaranın ağzını kapattı. İçeride mahpus kaldılar. Aralarında konuşurlarken, "Bizi bu kayadan ancak dualarımız kurtarabilir, yapmış olduğumuz iyilikleri vesile ederek Allah'a yalvaralım!" dediler.

Bunun üzerine birinci adam şöyle dedi: "Annem ve babam ihtiyardı. Ben onları her zaman kollar, saygıda ve hizmette kusur etmemeye çalışırdım. Onlardan önce ne ailemden birini ne de hayvanlarımı doyururdum. Bir gün ağaç aramak için uzaklara gitmiştim. Eve döndüğümde ikisi de uyumuştu. Onlara içirmek üzere süt sağdım. Hâlâ uyuyorlardı. Onlardan önce aileme ve hayvanlarıma yiyecek vermeyi uygun bulmadım, onları uyandırmaya da kıyamadım. Çocuklarım ayaklarımın arasında açlıktan kıvranıyorlardı. Ben ise süt kapları elimde, uyanmalarını bekliyordum. Derken şafak söktü... Allahım! Biliyorsun ki bunu senin rızan için yaptım. Yolumuzu kapatan şu taştan bizi kurtar!"

Kaya bir miktar açıldı. Ama çıkacakları kadar değildi.

İkinci adam şöyle dedi: "Allahım! Benim bir kuzenim vardı. Onu herkesten çok seviyordum. Ondan kâm almak istedim. Ama o bana yüz vermedi. Fakat gün geldi fakir düştü, bana başvurmak zorunda kaldı. Ona, kendisini bana vermesine karşılık yüz yirmi dinar verdim, kabul etti. Arzumu yerine getireceğim sırada, "Allah'ın mührünü meşru olmayan biçimde bozmak sana haramdır!" dedi. Bunun üzerine ben de ondan uzaklaştım, insanlar arasında en çok sevdiğim kimse olduğu hâlde onu bıraktım, verdiğim altınları da geri almadım. Allahım! Bunları senin rızan için yapmışsam, bizi bu sıkıntıdan kurtar."

Kaya biraz daha açıldı. Ancak onların çıkabilecekleri kadar açılmadı.

Üçüncü adam dedi ki: "Allahım! Ben işçiler çalıştırıyordum. Ücretlerini de derhal veriyordum. Fakat onlardan biri ücretini almadan gitti. Ben de onun parasını onun adına işlettim. Öyle ki çok malı oldu. Epeyce bir zaman sonra çıkageldi. "Ey Allah'ın kulu! Bana olan borcunu öde!" dedi. Ben de, "Bütün şu gördüğün sığır, davar, deve ve köleler senindir, hepsini al götür!" dedim. Adam, "Ey Allah'ın kulu! Benimle alay etme!" dedi. Ben de ona, "Kesinlikle alay etmiyorum. Hepsi senin, al götür!" dedim. Adam aldı götürdü... Allahım, bunu senin rızan için yapmışsam, bizi şu hâlden kurtar!" dedi.

Kaya tamamen açıldı, adamlar kurtuldular ve yollarına devam ettiler."

...

İnsan insanın kadrini bilmezmiş meğer
Anlaşılmadı gitti mısralarım
Çünkü insanlar benim hâlime güler
Bense onlar için ağlarım...

...

(Ümit Yaşar Oğuzcan)

Her türlü iyi niyet
itina ile suiistimal edilir..!

EY GÖNLÜMÜN YAVRUSU!

Kalıbından kalbine geç. Tartışma, kıylükal, yaldızlı sözler gibi faydasız şeylerle meşguliyeti bırakarak sükût ehli ol, ihlâsı seç, bu yoldaki güzel işleri yap, manevî zevkleri tatmak istersen nefsinin isteklerine son ver. Böylece maneviyat ehli olursun.

Öyle bir zevk ehli ol ve amel et ki, senin bu hâlin hatalarını mahvetsin.

Bu yol tatlı, yüce, hoş, hayat verici, üstün ve onda yürüyenlerine yardımı çok olan bir yoldur; buna mukabil bazen de acı, geçitleri zor, sancılı, kapanları, yırtıcı hayvanları, akrepleri ve yılanları fazla bir yoldur.

Ey gönlümün yavrusu! Boş işlerle uğraşan, parlak laflar eden ve işi laklakaya döken kimselerle oturup kalkma. Sen ancak yönünü Rabbi'ne dönmüş Allah dostu kimselerle oturup kalk.

Rasgele yerlere girip çıkanlardan sakın, uygun olmayan yerlere de girme. Kardeşinden yersiz bir hareket veya çekememezliğe şahit olursan ona güzel muamele et, kötülük etmekten sakın. Yakın dostun, sana karşı doğru olandır. Sen de ona karşı doğruluğunu muhafaza et.

Bu zamanda insanlardan sakınmalısın. Çünkü ahir zamandayız. Gerçek nasihat azalmış, nerdeyse bir tane bile hakiki nasihat kalmamıştır. Öyle ki bu zamanda:

Sen bir kimseyi dost edinirsin.

O seni düşman kabul eder...

Sen birini yükseltmek istersin.

O seni alçaltmak ister...

Sen birine şefkat gösterirsin.

O seni dikenin üzerine atmak ister...

Sen birine faydalı olursun.

O sana zarar verir...

Sen birinin ziyaretine gidersin.

Kendisi sana gelmez...

Sen birini yedirirsin.

O teşekkür bile etmez...

Sen birini öne çıkarmak istersin.

O seni görmez...

Sen birine yumuşak davranırsın.

O sana sert mukabele eder.

Sen birine iyilik edersin.

O sana kötülük eder...

Şimdi bu dünyaya ve içinde yaşayan bu insanlara şaşmamak elde değil.

O zaman sen de yaşayışı kötü olan insanlardan uzaklaş, iyilik ehli ile birlikte olmaya bak, seni zora sokan ve yoran insanlardan kurtulabilirsen kurtul. Çünkü onlarla dostluk edersen pişman olursun.

İşte bunlar sana nasihatlerimdir, tut.

(Dusuki)

Gerçek olan tek bir
yarış vardır;
o da insanlık
yarışı...

Thomas Moore

DÜNYAYI AĞLATAN ÇOCUK

İsmi meçhul... Herkes onu, Pakistan'a yaptığı bir milyon liralık yardım ve duygu yüklü birkaç satırlık mektubuyla tanıdı.

> Ben fakir bir evin oğluyum. Babam yok, annem hasta. İki milyon ekmek paramız vardı. Bunun size bir milyonunu gönderiyorum çünkü ben bugün çöpten ekmek buldum. Akşam iftarı onunla yapacaz. Bu bir milyonlan depremdeki çocuklara ekmek alın. Bu para helaldir. Pul parası da vereceğim için paranın hepsini gönderemedim. Özür dilerim.

diyordu mektup.

Bu, gönül zenginliğini yansıtan dizeler, Pakistanlı yetkililerin eline geçtiğinde hepsi çok duygulandı. Bir milyon lira ile, istediği gibi, Pakistan'daki sefalet çeken arkadaşlarına ekmek alındı. Bu paradan çok daha önemli olan mektubu ise Devlet Başkanı Pervez Müşerref'e ulaştırıldı.

Türk çocuğunun yardımseverliğinden çok etkilenen Müşerref, mektubu resmi internet sitesinde orijinal hali ve İngilizce tercümesiyle yayınlayınca, tüm dünya bu satırları gözyaşlarıyla okudu.

Merak edilen soru; bu gönlü zengin çocuk kimdi ve nerede yaşıyordu?

TARİHÇEYİ HAYAT'tan...

Dünya madem fanidir. Hem madem ömür kısadır. Hem madem gayet lüzumlu vazifeler çoktur. Hem madem hayat-ı ebediye burada kazanılacaktır. Hem madem dünya sahipsiz değil. Hem madem şu misafirhane-i dünyanın gayet Hakîm ve Kerim bir Müdebbiri var. Hem madem ne iyilik ve ne de fenalık, cezasız kalmayacaktır. Hem madem "Allah kimseye gücünden fazlasını yüklemez" sırrınca: Teklif-i malayutak yoktur. Hem madem zararsız yol, zararlı yola müreccahdır. Hem madem dünyevi dostlar ve rütbeler, kabir kapısına kadardır...

Elbette en bahtiyar odur ki; dünya için ahireti unutmasın, ahiretini dünyaya feda etmesin, hayat-ı ebediyesini hayat-ı dünyeviye için bozmasın, malayani şeylerle ömrünü telef etmesin, kendini misafir telakki edip misafirhane sahibinin emirlerine göre hareket etsin; selametle kabir kapısını açıp saadet-i ebediyeye girsin.

KENDİNE BİR İYİLİK YAP!

* Yaşamını sevgiyle doldur.

* Yaşamında sadelikle yoksunluğu birbirinden ayır.

* Haftanın belli günlerinde tüm ailenin bir arada olduğu bir zaman diliminde ailece kitap okuma saatleri düzenle.

* İki düşün bir konuş. Dikkatsiz konuşmalar insanın başını belaya sokar.

* İyi bir insan olmak için nelere ihtiyacın olduğunu düşün.

* Yaşamı bir melodram olarak görme.

Vara yoğa gülme, çünkü çok gülmek kalbi öldürür.

* Korktuğun şeyleri ve onlardan korkama sebeplerini belirle.

* Doğru nefes alma ekserisizleri yaparak kendini düzgün nefes alıp vermeye alıştır.

* Hayatının merkezine koyabileceğin en büyük şeyin ne olduğunu ve onun şu anda hayatının neresinde durduğunu düşün.

* Yalnızlıktan da keyif almayı öğren.

* Annene ve babana doğacak çocuğuna onlara benzemesini istediğin için, onların ismini vermeyi düşündüğünü söyle. Vermesen de söyle...

KENDİNE BİR İYİLİK YAP!

* Küçük bir aksaklığın, büyük bir arkadaşlığı yaralamasına izin verme.

* Bilgini ve tecrübelerini talep eden insanlarla paylaş.

* Her ne olursa olsun, her ne durumda olursan ol umudunu sakın kesme.

* Anneni ara. Telefonu açtığında, sana çocukken söylediği bir ninniyi ya da şarkıyı söylemeye başla.

* Çıplak ayakla yürü.

* Dertlerini gözyaşlarında boğmak isteyenlere dertlerin yüzme bildiğini söyle.

* Dövülmeden ağlama, hiçten korkma, yokluğa vücut rengi verme. Bu saati düşün; sendeki sabır kuvveti bu saate kafi gelir.

* Sana iyilik eden insanları duanda unutma.

* Akşam alacasında bir mezarlıkta tek başına yarım saat geçir.

* İki gün uykusuz, bir gün de aç dolaş.

* Yokluk nedir bilmemenin büyük bir yoksulluk olduğunu unutma.

* Ahdine, sözüne ve vaadine vefa göster.

* Aklına vesvese veren şeylerin üzerinde durma.

* Kek pişir ve komşularınla paylaş.

Ne tuhaf bir dünyada yaşıyoruz,
kötülük yapmak kolay,
fakat iyilik yapmak zor.

Dostoyevski

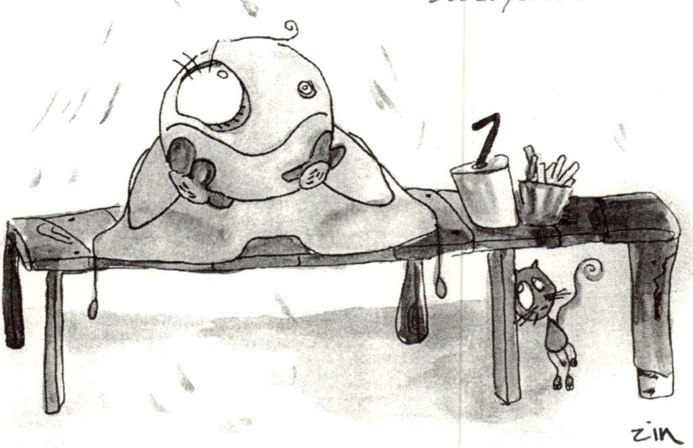

KEL, KÖR VE ALA

Üç kişi vardı: Biri ala tenli, biri kel, biri de kör idi. Allah bunları sınamak istedi. Her birine insan suretinde bir melek gönderdi.

Melek önce ala tenliye geldi. Ona, "En çok neyi seversin?" dedi. Adam, "Güzel bir renk, güzel bir ten ve insanların benden tiksinmesine sebep olan hâlin gitmesini!" dedi. Melek onu sıvazladı. Adamın çirkinliği hemen gitti. Rengi ve teni güzelleşti. Melek ona, "Hangi mala kavuşmayı seversin?" diye sordu. Ala tenli, "Deveye" dedi. Ona hemen on aylık hamile bir deve verildi. Melek, "Allah bunları sana mübarek kılsın!" dedi.

Sonra kel adamın yanına vardı. "En çok istediğin şey nedir?" dedi. Adam, "Güzel bir saç ve insanların benden tiksinmesine sebep olan şu hâlin gitmesini!" dedi. Melek, keli elleriyle sıvazladı, adamın keli yok oldu. Kendisine güzel bir saç verildi. Melek, "En çok hangi malı seversin?" diye sordu. Adam, "Sığırı" dedi. Ona hemen gebe bir inek verildi.

Melek, "Allah bu sığırı sana mübarek kılsın!" diye dua etti.

Sonra kör adamın yanına vardı. "En çok neyi seversin?" diye sordu. Adam, "Allah'ın bana gözümü vermesini ve insanları görmeyi!" dedi. Melek onu sıvazladı. Allah ona görme nimetini verdi. Melek ona, "En çok hangi malı seversin?" diye sordu. Adam, "Koyunu" dedi. Ona derhal doğurgan bir koyun verildi.

Gel zaman git zaman sığır ve deve yavruladılar, koyun da kuzuladı. Çok geçmeden birinin bir vadi dolusu develeri, diğerinin bir vadi dolusu sığırları, öbürünün de bir vadi dolusu koyunları oldu.

Melek, ala tenlinin yanına, onun eski hâli gibi ala tenli bir adam suretinde geldi. "Ben fakir bir kimseyim. Yola devam etme imkânım kalmadı. Şu anda Allah'tan ve senden başka yardım edecek kimse yok! Sana şu güzel rengi, şu güzel cildi ve malı veren Allah aşkına bana bir deve vermeni istiyorum! Onunla yoluma devam edebilirim!" dedi. Adam, "Haklar söz konusu!" dedi ve yardım etmedi. Melek de, "Seni tanıyor gibiyim! Sen ala tenli, herkesin tiksindiği fakir bir adam değil miydin? Allah sana lütfetti" dedi. Adam ona kızdı, "Bu mallar bana atalarımdan kaldı!" dedi. Melek de, "Eğer yalan söylüyorsan Allah seni eski hâline çevirsin!" deyip gitti.

Ve kel adamın yanına geldi. Buna da onun eski hâline benzer biçimde kel bir adam olarak göründü. Öbürüne söyledikleri-ni söyleyerek yardım istedi. Bu da önceki gibi yardım talebini reddetti. Melek buna da, "Eğer yalancıysan Allah seni eski hâline çevirsin!" dedi.

Ve âmâ adamın yanına gitti. Buna da onun eski hâli gibi kör bir adam suretinde göründü. "Ben fakir bir adamım, yolcuyum, yola devam etme imkânım kalmadı. Bana önce Allah'tan sonra senden başka yardım edecek kimse yok! Sana gözünü lütfeden Allah için bana bir koyun ver ki yoluma gidebileyim!" dedi. Kör adam, "Ben de bir zamanlar kördüm. Allah bana göz verdi, fakirdim zengin etti. İstediğini al, istediğini bırak! Vallahi, bugün Allah adına her ne alırsan al, sana zorluk çıkarmam!" dedi. Melek de, "Malın senin olsun! Sizler sınandınız. Senden memnun kalındı. Öbür iki arkadaşına gazap edildi" dedi.

Kim ne derse desin...
Kim ne yaparsa yapsın...
Ben iyi olacağım!!!

HiKAYENiN SONU

Ey dost! Candan iyi adamların dostu ol.
Onlar iyidirler ve iyiliği bilirler.
Onlar iyilikten başka bir şey bilmezler.
Sen onlara ne kadar cefa göstersen,
Onlar sana candan vefa gösterirler.
Sakın kötü adamların dostu olma.
Kötülerin ne dostu ol, ne de düşmanı.
Onların dostu olsan, seni kirletirler.
Düşmanları olsan seni yaralarlar.

MEMÛZiN DESTANI'ndan...

KÖTÜ ÇOCUKLARA İYİ ÖĞÜTLER...

- Ölü helvasıyla pasta savaşı yapmak, ölüye saygısızlıktır.

- Tek katlı eve asansör yapmak israftır.

- Topluluk içinde "nuoğoğuouoooğ" diye gülünmez.

- Cüce birine 'büyüyünce ne olacan' diye sorulmaz.

- "Buraya çöp dökmek yasaktır" yazısının altına çöp dökülmez.

- Evdeki şekerlerin içleri yenip kağıtlarına zeytin sararak misafir şekerliğine geri bırakmak çok ayıptır.

- Annemiz bizi uyarmak için terliğini kafamıza attığında ona terliğini geri götürmemiz gerekir.

- Küçük kardeşimizi çamaşır makinesine ya da buzdolabına koymamak lazımdır.

- Bardaklara çay doldururken kapağı masaya düşen demliğe misafirlerin yanında "patla emi!" diye bağırılmaz.

- Yavru kedileri "acaba yine dört ayak üstüne düşecek mi" diye sürekli çatıdan atmak tehlikeli ve yasaktır.

- Vurdulu kırdılı filmler seyredip kötülüğe özenmek yersiz bir davranıştır.

- İyi biri olmak çok iyi bi'şeydir.

İYİ İSE NİYE YARATIYOR KÖTÜLÜKLERİ?

&

"Tanrı iyiliktir" diyorlar. Peki, bu kötülük nerden geliyor o zaman. Aydınlık olandan nasıl çıkar karanlık? İyi olan niçin yaratsın kötülükleri?

&

Evet, senin tabirinle Tanrı, özel ismiyle Allah iyidir, ama iyilikleri de, kötülükleri de yaratır. Kötülük var, kötü işler var, görüyorsun. Bunları Allah yaratmıyorsa kim yaratıyor?

"Başka biri yaratıyor." dedik mi ikinci bir tanrının varlığını kabul etmiş oluruz. Nitekim Mecusiler, yani ateşe tapanlar bu hataya düştüler. İki ilah var sandılar, iyilikleri yaratana "Yezdan" kötülükleri yaratana "Ehriman" dediler.

Oysa Allah birdir. Eşi, benzeri, dengi, zıddı, niddi yoktur. Varlıklarla ilgisi, yaratıcılıktır. Evrendeki tüm varlıklar mahluktur, yaratılmıştır. Her şey onun var etmesiyle varlık âlemine gelmiştir.

İki ilah olsaydı; evren, dünya, varlık âlemi bozulur, dağılır, paramparça olurdu. Bir köyde iki muhtar, bir vilayette iki vali olur mu? İşler karışır o zaman. Biri ötekinin gücünü engeller.

Allah da birdir, ilmi, iradesi, gücü sınırsızdır. Sonsuzluk başka bir ilaha yer bırakmaz ki var olabilsin.

Belli ki kötülükleri yaratan da Allah. Fakat kötülük yapılsın istemiyor, kullarını sakındırıyor. Dünya ise bir imtihan yeri. İyilikle kötülük, güzellikle çirkinlik bir arada olmalı ki, sınanmanın bir anlamı olsun.

Kötülük yaratılmasaydı her insan, ister istemez iyilik yapmak zorunda kalırdı. O zaman kim iyi, kim kötü belli olmazdı. Elmasla kömür birbirinden ayrılamazdı.

Allah, insana irade verdi, seçme özgürlüğü tanıdı. Önüne kötüyü de koydu, iyiyi de. "Dilemek senden, yaratmak benden." dedi. Dileyen kul, yaratan Allah. Şu halde kötüyü yaratmak değildir kötü olan, kötüyü işlemektir. İşleyense, insan. Suçlu olan da odur elbette.

Eğer kötülük olmasaydı iyilik anlaşılamazdı. İyi olmanın bir anlamı olmazdı. Çünkü, her şey zıddıyla bilinir, karşıtıyla tanınır. Açlık olmasa tokluk anlaşılır mıydı? Karanlık olmasa ışık bilinir miydi? Soğuk olmasaydı sıcak ne anlam ifade edecekti? İşte böyle. İşte bu sebeple kötülük de gerekli. İyilik kötülükle, güzellik çirkinlikle biliniyor.

Buradan anlıyoruz ki, yüzeysel bakınca kötü görünen şeylerin arkasında büyük iyilikler var. Kötülük, çirkinlik, kabalık bize bakan yüzdedir. Varlıkların ve olayların arka yüzü parlak, iyi, güzel, pırıltılıdır.

Mesela, hastalık kötü bilinir. Oysa günahları temizleyicidir o, ruhu arındırır. Ölüm de çirkin bilinir, oysa sonsuz ahiret âlemlerine onunla uçulur, cennete ölüm yolundan gidilir.

Her şey güzel, iyi, hoş... Ya kendisi ya da sonucu bakımından. Kötülük ve çirkinlik birer perdedir, arkalarında iyilikler ve güzellikler gizlidir. Az bir kötülük gelecek diye büyük bir iyilik terk edilirse, o zaman büyük kötülük olur.

Kangren olmuş bir parmak düşün, mutlaka kesilmesi gerekiyor. Kuşkusuz şerdir bu, kötüdür. Fakat kötüdür diye kesilmezse el gider, kol gider, belki de hayat gider. Büyük şer olur o zaman.

Güneşin binlerce faydasının yanında bazı zararları da olabilir. Kabahat, ondan yararlanmayı bilemeyen insanındır. Mesela bir adam güneşte fazla kalıp hastalanmışsa, "Güneş kötüdür, yaratılması çirkindir!" demeye hakkı yoktur.

Ateş de güzeldir. Pek çok yararları olan bir varlıktır. Sen elini ateşe sokar da yakarsan, hata senindir, "Ateş kötüdür!" diyemezsin. Öbür varlıkları da bu iki misale kıyas et.

(Özel İnsanlar Arıyorum'dan...)

Önemli olan, kötülüğün var olması değil, onun iyilikten ayırt edilmemeye başlanmasıdır.

ALBERT CAMUS

KENDİNE BİR İYİLİK YAP!

* Bugününü son gününmüş gibi yaşamaya çalış. Çünkü öyle olabilir.

* Hayatını basitleştir.

* Herkesin onayını alamazsın unutma.

* Evinde hafta sonu inzivaları yap.

* Yataklı vagonda gece yolculuğu yap.

* Olumsuz düşüncelerine yüz verip onları şımartma.

* İnsan hakları evrensel beyannamesini bir kez oku.

* Sana eleştiri yönelten kişiye göz kırpıp "Bak işte bu konuda haklı olmandan korkuyorum" de.

* İç dünyan için zaman ayır.

* Doğru cevaplara ulaşmanın uygun soruları sormaktan geçtiğini bil.

* Üzerinde en inatçı olduğun konuları belirle ve bunları tekrar gözden geçir.

* Birine iş yaptırırken iş bitmeden önce asla ödemenin tamamını yapma.

* Biri sana pas attığında, topu illa da tutmak zorunda değilsin.

* Kışa hazırlık, tatile hazırlık, geleceğe hazırlık gibi telaşlardan uzak dur.

Yaptığın iyiliği
hatırlama,
gördüğün iyiliği
unutma.

Chillon

BÜYÜK TAŞ PARÇALARI

Bir gün derste öğretmen, öğrencilerine: "Hadi, küçük bir sınav yapalım" demiş. Ve masanın üzerine kocaman bir kavanoz koymuş. Sonra bir torbadan irice kaya parçaları çıkarıp kavanozun içine yerleştirmiş. Kavanozda taş parçası için yer kalmayınca sormuş: "Kavanoz doldu mu?"

Sınıftaki herkes, "Evet, doldu" yanıtını vermiş. Öğretmen bu kez bir kovadan küçük çakıl taşları çıkartmış, kavanozun tepesine dökmüş, kavanozu eline alıp sallamış, küçük parçalar büyük taşların sağına soluna yerleşmişler. Yeniden sormuş öğrencilerine: "Kavanoz doldu mu?"

İşin sanıldığı kadar basit olmadığını sezmiş olan öğrenciler, "Hayır, tam da dolmuş sayılmaz" demişler. "Aferin" demiş öğretmen. Masanın altından bu kez de bir kova dolusu kum çıkartmış. Kumu kaya parçaları ve küçük taşların arasındaki bölgeler tümüyle doluncaya kadar dökmüş. Ve sormuş yeniden: "Kavanoz doldu mu?"

"Hayır dolmadı!" diye bağırmış öğrenciler. "Yine Aferin" demiş hoca. Bu kez de bir sürahi su çıkarıp kavanozun içine dökmeye başlamış. Ve sormuş yeniden: "Bu gördüklerinizden nasıl bir ders çıkardınız?"

Atılgan bir öğrenci hemen fırlamış: "Günlük iş programınız ne kadar dolu olursa olsun, her zaman yeni işler için zaman bulabilirsiniz."

"Hayır" demiş öğretmen "tam olarak bu değil. Çıkartılması gereken asıl ders şu: Eğer büyük taş parçalarını baştan kavanoza koymazsanız daha sonra asla koyamazsınız."

Ve herkesin kendi kendisine sorması gereken soruyu sormuş: "Hayatınızdaki büyük taş parçaları hangileri? Onları ilk iş olarak kavanoza koyuyor musunuz? Yoksa kavanozu kumlarla ve suyla doldurup büyük parçaları dışarıda mı bırakıyorsunuz?"

HAYATI İYİ YAŞA!

☆ Boşuna iddia ve inat etme. Hakikati ara ve sev. Hakikat sevgisi, insan için, sevgilerin en yükseğidir.

☆ Kusurlarını kendin gör tâ ki onları tamir ve ikmal edebilesin.

☆ Muvaffakiyetlerinle mağrur olma. Bil ki gurur, gelecekteki muvaffakiyetlerinin en büyük düşmanıdır.

☆ Hayatta cesur ol. Fakat bil ki cesaret gözü kapalı tehlikeye atılmak değildir.

☆ Başkasının kanaat ve akidesine hürmet et. Tâ ki başkası da seninkine hürmet etsin.

☆ Kendine yapılmasını istemediğin bir muameleyi başkasına yapma. Tâ ki başkası da sana karşı aynı şekilde hareket etmesin.

☆ Kendine iyilik yapılmasını istersen, başkalarına iyilik yap.

☆ İyiliğe karşı iyilik adalettir. İyiliğe karşı kötülük cinayettir. Kötülüğe karşı iyilik ihsan ve atıfettir ve insanlığın en yüksek derecesidir.

☆ Düşenin elinden tut. Tâ ki sen de düştüğün zaman tutacak el bulasın.

☆ Sözlerin tatlı, tavırların zarif olsun. İnsanın kabası, ısırgan köpek gibidir, herkes tarafından taşlanır.

☆ Başkalarından gördüğün kötülük, seni iyilik yapmaktan alıkoymasın. İyilik ibadettir, kötülükle mahsuplaşmaz.

☆ Kibirli olma. Kibirli insan sarımsak kokan ağız gibidir, herkesi kendisinden uzaklaştırır.

☆ Alçak gönüllü ol. Mütevazı insan, meyve ağacına benzer. Meyve dalının yere eğilmesi, meyvesinin çokluğundandır.

☆ Herkesin imrendiği pırlanta gibi kıymet sahibi ol. Korkma, yerde kalmazsın.

☆ Kendinden üsttekilere değil, kendinden alttakilere bak, rahat edersin.

☆ İşinde ve sözünde doğruluktan ayrılma. Hak doğruların yardımcısıdır.

☆ Çalış, daima çalış, fakat hırsı bırak. Zira hırs, verimli çalışmanın, sağlık ve saadetin düşmanıdır.

☆ Çalış, fakat haris olma. Haris insan, ciğer bulaşmış eğeyi yalayan aç kedi gibidir: dilinden akan kanı yalar da bilmez.

☆ Hayatın ve tutacağın yol hakkında tereddüde ve kararsızlığa düşüp de bir ışık aradığın zaman, fikrini ve reyini soracağın kimseyi iyi seç. Düşün ki, isabetsiz bir fikirden hareket ederek verdiğin karardan bütün ömrün boyunca pişmanlık duyman mümkündür. Fakat isabetli bir fikirden aldığın ışık da bütün ömrünce yolunu aydınlatır

☆ Genç arkadaşım, yukarıda sıraladığım düsturları kulağına küpe yapıp ileride beni anasın diye yazdım. Senden beklediğim, beni hayırla anmandır.

(Ali Fuat Başgil)

❋❋❋

Ünlü filozof Diyojen, bir gün çok dar bir sokakta zenginliğinden başka hiçbir şeyi olmayan kibirli bir adamla karşılaşır.

İkisinden biri kenara çekilmedikçe geçmek mümkün değildir...

Mağrur zengin, hor gördüğü filozofa: "Ben bir serserinin önünden kenara çekilmem" der.

Diyojen, kenara çekilerek gayet sakin şu karşılığı verir: "Ben çekilirim!"

❋❋❋

Allahım! Kendim için bir iyilik istemiyorum senden, sadece anneme elma yanaklı, bal dudaklı, sütun bacaklı bir gelin nasip eyle... Âmin

BU NASIL İYİLİK ANLAMADIK!

Yer: Erzurum

Birçok ülkede insanlar berbere gidip tıraş olurlar, ama hiçbir berber, masaj amacıyla müşterisinin kafasını sağa sola çevirirken boynunu kırmaz.

Yer: Rize

Hangi ülkede; elektrik direğine yaslanıp, ayakkabısına giren taşı çıkarmak için ayakkabısını silkeleyen birisi, yoldan geçen bir başkası tarafından, cereyana kapıldığı zannedilerek, kafasına odunla vurularak kurtarılmaya çalışılır?

ALTIN KÜPELER

Ahlakı ve bilgisi sayesinde yükselen bir insanı, fakir ve yoksul olması alçaltmaz. Bir kimse, eğer kötü ahlâkı ve bilgisizliği sebebiyle kıymetten düşerse, zenginliği ve akrabasının çokluğu onu yükseltemez.

Îlim, insanı fenalıklardan en iyi koruyan bir babadır. Takva da kendisine sığınanı bağrına basıp saklayan bir ana...

Ey insanoğlu! Yaratılışın kuru balçıktandır. İçin ise kibir ve gurur ile dolu... Bakıyorum da, bazen geçmişinle övünüyor, bazen de servetinle iftihar ediyorsun. Kibir ve gururunla başkalarına hor bakmak, küçük görmek ve yüz çevirmek sana yakışır mı?

Ömrün kasırga gibi geçip gitmektedir. Sen ise gaflet ve şaşkınlıkla bu zevâl âleminde asırlarca payidar olacağını ümit ediyorsun. Yahu, ömrün tamamı, gündüzün parıltısı ve gecenin karartısı mesabesindedir! Zamanını gaflet uykularıyla geçirme.

Hakiki insanlık kemerini beline kuşanan bir kimse, her türlü insanlık dışı hareketten şiddetle kaçınır.

İyilikseverlik ve insaniyet Allah'ın rızasını kazandıracak en iyi hasletlerdir. Mertlik ve cömertlik de hayırla anılmaya lâyık bir davranıştır.

Ben, alçaklıktan başka buğz ve düşmanlık etmeye lâyık bir şey görmedim.

(Zemahşerî)

❁❁❁

Bir gün bir papaz Don Aleksi'ye sordu:

"Öğrencilerinize dua etmeyi öğretiyor musunuz?"

Don Aleksi cevapladı:

"Ben onlara hayatlarını bir dua haline getirmeyi öğretiyorum."

❁❁❁

Kötü kimselerle arkadaşlık etme, sonra haberin olmadan senin huyun, onların huyundan kötülük çalar.

Platon

DİLEDİĞİNİ SEV.
Nasıl olsa bir gün ayrılacaksın...

DİLEDİĞİN KADAR YAŞA.
Nasıl olsa bir gün öleceksin...

DİLEDİĞİNİ YAP.
Nasıl olsa bir gün hesabını vereceksin...

(Gazali)

En çok, kendine yapacağın kötülüklerden kork!
Pestallozi

KENDİNE BİR İYİLİK YAP!

* Sevmeyi, sevilmeyi, sevinmeyi erteleme.

* Sonsuz yaşamı kazanmak için çalış.

* Kaderini sev. Onu senin hayatının kitabı olarak düşün.

* Birlikte temizliğe girişebileceğiniz "Bugün evimizde temizlik var!" günleri düzenle.

* Otobüste insanlara yer ver.

* İyilik yap ve hiç kimseye bundan bahsetme.

* Biri sana sarıldığında önce onun kollarını gevşetmesini bekle.

* Her gün birine bir iyilik yapmayı alışkanlık haline getir.

* Yaşadığın her anın hesabını vereceğini düşün.

* Birisine güvenmiyorsan onunla çalışma. Biriyle çalışıyorsan da ona güven.

* Unutma: Başarı, istediğini elde etmektir, mutluluksa elde ettiğini sevmektir.

* Renkli, şirin magnetler alıp buzdolabının kapısına neşeli aile fotoğraflarından as.

* Annenle pazara sık sık onunla birlikte alışveriş yap, poşetlerini taşı.

* Kendine küçük kontroller uygula. Mesela "Bugün kesinlikle hiç kimse hakkında dedikodu yapmayacağım" gibi...

KENDİNE BİR İYİLİK YAP!

* Öfkeliyken hüküm verme.

* Telefonunun önemli bir anı ya da görüşmeyi bölmesine izin verme.

* Şunu sık sık tekrarla: Yaşam bir 'acil durum' değildir.

* Her gün kendine bir süre sessizlik armağan et.

* Annenin dizine uzanıp ondan saçlarını okşamasını iste.

* Görevlerini bil, görevin olmayan şeyleri boş yere üstlenme.

* Hayat bir sınavdır, rahatla, kazanmaman için hiçbir sebep yok.

* Yılda bir kez kan ver.

* Anne ve babanın seslerini bir banda kaydet ve bunu çocuklarına ve torunlarına dinletmek için saklayacağını söyle onlara.

* Bundan yüz yıl sonra dünyada bambaşka insanların olabileceği gerçeğini aklından çıkarma.

* Varlığını bir bütün olarak kabullen.

* Sorunlarını birer öğretmen olarak gör.

* Duygularına kulak ver, sana bir şey söylemeye çalışıyorlar.

* Konuşurken, rahatsız etmeyecek şekilde insanların gözlerinin içine bakmaya çalış.

İnsanları anlamak mümkün değil:

Çocukken büyümek için acele ederler.
Büyüdüklerinde çocukluklarını özlerler...

Para kazanmak için sağlıklarını yitirirler.
Sağlıklarını geri kazanmak için para öderler...

Hiç ölmeyecekmiş gibi yaşarlar.
Hiç yaşamamış gibi ölürler...

(Platon)

ÇOK YARDIMSEVERİMDİR!

Her türlü yardımı memnuniyetle kabul ederim.

Günah fısıldar kötü insana yüreğinin dibinden. Tanrı korkusu yoktur onda. Kendini öyle beğenmiştir ki, suçunu görmez, ondan tiksinmez. Ağzından kötülük ve yalan akar. Akıllanmaktan, iyilik yapmaktan vazgeçmiştir. Yatağında bile fesat düşünür. Olumsuz yolda direnir, reddetmez kötülüğü. Ya Rab, sevgin göklere, sadakatin gökyüzüne erişir. Sevgin ne değerli, ey Tanrı!

(Mezmurlar: 36)

...

Düşmanlarınızı sevin, sizden nefret edenlere iyilik yapın, size lanet edenler için iyilik dileyin, size hakaret edenler için dua edin. Bir yanağınıza vurana öbür yanağınızı da çevirin. Abanızı alandan mintanınızı da esirgemeyin. Sizden bir şey dileyen herkese verin, malınızı alandan onu geri istemeyin. İnsanların size nasıl davranmasını istiyorsanız, siz de onlara öyle davranın. Eğer yalnız sizi sevenleri severseniz, bu size ne övgü kazandırır? Günahkârlar bile kendilerini sevenleri sever. Eğer yalnız size iyilik yapanlara iyilik yaparsanız, bu size ne övgü kazandırır? Günahkârlar bile böyle yapar. Eğer yalnız geri alacağınızı umduğunuz kişilere ödünç verirseniz, bu size ne övgü kazandırır? Günahkârlar bile verdiklerini geri almak koşuluyla günahkârlara ödünç verirler. Ama siz düşmanlarınızı sevin, iyilik yapın, hiçbir karşılık beklemeden ödünç verin. Alacağınız ödül büyük olacak.

(Luka: 6)

...

Kötülüklerden sakınanlara, "Rabbiniz ne indirdi?" denilince, "İyilik!" derler.

Bu dünyada iyilik yapanlara iyilik vardır. Ahiret yurdu ise daha hayırlıdır.

(Nahl: 30)

...

Kötülük işleyenlere kötülükleri kadar ceza verilir. Yüzlerini aşağılanmanın gölgesi bürür. Allah'a karşı onları savunacak kimse yoktur. Yüzleri, kopkoyu geceden bir yamayla kaplıymış gibi karanlıktır.

(Yunus: 27)

...

Erkek ya da kadın, her kim inanan biri olarak güzel işler yaparsa cennete girer, onun zerre kadar hakkı yenmez. Din bakımından, iyilik yaparak kendini Allah'a teslim edenden, bütün kalbiyle hakka yönelen İbrahim'in yoluna uyandan daha güzel kim olabilir! Allah İbrahim'i dost edinmişti.

(Nisa: 125)

FİLMLERDEN İYİLİĞE DAİR

Kan isteyen kanı, bela isteyen belayı bulur. Ölüm, ölümü getirir. Akbabanın akbabayı doğurduğu gibi... Ama bugün tepedeki ses şöyle dedi: Düşmanınızı sevin. Sizi kullanmak isteyenlere iyilik edin.

(Ben-Hur)

...

Yenileceksin, çünkü korkuyorsun. Atalarımızın medeniyeti ve inancı burada. Gücümüz bunlarla birleşince sen karanlıkların ve gizliliklerinle sonsuz boşluğun ortasında tek başına kalacaksın. Sen kötülüksün, belasın, kötülük her zaman iyiliğe yenilmiştir.

(Dünyayı Kurtaran Adam)

...

- Senin yolun yol değildir.

- Ne varmış benim yolumda?

- Uyuşturucu kötü iştir. Yapma, insanları zehirliyorsun. Çok adam tanıdım hapiste bu işi yapan. Sonları kötü oldu.

- Yapmayım ha... Peki, ne yapayım? Hırsızlık mı? Dolandırıcılık mı? Hangisi daha iyi?

- Hiçbiri. İnsana göre değil hiçbiri.

(Eşkıya)

...

Kötülüğü yenmek için insana saf yürek gerekir. Kötülük kötülükle önlenmez.

(Şeytanın Günü)

...

Masumiyetimizi kaybedince kuvvetimizi de kaybederiz.

(Kötü Ruh III)

...

Kötünün zaferi için gereken tek şey, iyinin bir şey yapmamasıdır.

(Güneşin Gözyaşları)

KÜÇÜK İSTAVRİT'İN ÖYKÜSÜ

Küçük İstavrit yiyecek bir şey sanıp
hızla atıldı çapariye,
önce müthiş bir acı duydu dudağında
gümbür gümbür oldu yüreği
sonra hızla çekildi yukarıya.

Aslında hep merak etmişti
denizlerin üstünü
neye benzerdi acep gökyüzü
bir yanda büyük bir merak
bir yanda ölüm korkusu

"Dudağı yarıklar" denir,
şanslıdır onlar
hani görüp de insanı
oltadan son anda kurtulanlar.

Ne çare, balıkçının parmakları
hoyratça kavradı onu
küçük İstavrit anladı " yolun sonu ".
Koca denizlere sığmazdı yüreği

oysa şimdi yüzerken küçücük yeşil leğende
cansız uzanıvermiş dostlarına
değiyordu minik yüzgeci.

İnsanlar gelip geçti önünden
bir kedi yalanarak baktı gözlerinin içine
yavaşça karardı dünya, başı da dönüyordu
son bir kez düşündü derin maviyi
beyaz mercanı, bir de yeşil yosunu

İşte tam o anda eğilip aldım onu
yürüdüm deniz kenarına
bir öpücük kondurdum başına
iki damla gözyaşından ibaret
sade bir törenle saldım denizin sularına.

Bir an öylece kala kaldı
sonra sevinçle dibe daldı
gitti, tüm kederimi söküp atarak
teşekkürü de ihmal etmemişti
birkaç değerli pulunu avuçlarıma bırakarak.

Balıkçı ve kedi şaşkın baktılar yüzüme
sorar gibiydiler, neden yaptın bunu, niye?
Bir gün dedim, bulursam kendimi
yeşil leğendeki küçük istavrit kadar çaresiz
son ana kadar hep bir umudum olsun diye.

(Serdar Sıralar)

Kimseye hakaret etme!
Yapılan iyiliği sakın küçümseme!
Kardeşinle konuşurken
daima güler yüzlü ol!
Bu bile iyiliktir.

Hz. Muhammed

KENDİNE BİR İYİLİK YAP!

* Yüce gönüllü olmayı haklı olmaya yeğle.

* Kendini ve çevrendeki kişileri başkaları ile kıyaslama.

* Sıkma kendini.

* Karnın açken yiyecek alışverişine çıkma.

* Olağan şeylerdeki olağanüstülüğü arama keşiflerine çık. Bir çiçeği, bir sineği, bir meyveyi incelemek için vakit ayır.

* Karamsar insanlardan uzak dur.

* Kendine bir "yardım kutusu" yap. Yaptığın ve kötü olduğunu düşündüğün her şey için kutuya bir miktar para koy. Sonra kutuda toplanan parayla muhtaç birine bir yardımda bulun.

* Kendi cenazeni hayal et.

* Başladığın her işi elinden gelen en güzel şekilde bitir.

* Telefonunu coşkulu ve dinamik bir sesle aç.

* Vicdanının sesini dinle.

* Hayatında olmasını istemediğin şeyleri tespit et.

* Evinde ya da odanda kendi mabedini oluştur.

Hiçbir zaman cahil biri ile münakaşa etme.

* İhtiyaç duyduğunda yardım iste.

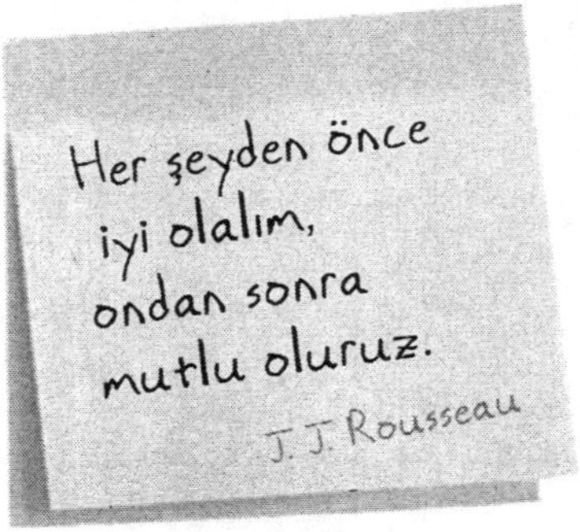
Her şeyden önce
iyi olalım,
ondan sonra
mutlu oluruz.
J. J. Rousseau

zin

MUMLAR

Bir odada dört mum sessizce yanıyordu. Derin sessizlikte fısıltıları işitildi:

Birinci mum "Ben Barış'ım" dedi. "Ancak kimse benim sürekli etrafıma ışık saçabilmeme yardımcı olmuyor. "İnsanlar aralarında sürekli savaşlar büyütüyorlar, artık sönmek üzereyim..." Ve sessizce gömülüverdi karanlığa...

İkinci mum "Ben inancım" dedi. "Ama artık gerekli olup olmadığımı bile bilmiyorum. Yanık kalmamın da bir kıymeti kalmadı sanırım..." derken hafif bir esinti ışığını söndürüverdi.

Üçüncü mum çok üzgündü. "Ben sevgiyim" dedi. "Ama artık etrafıma ışık verecek gücüm kalmadı. İnsanlar beni hep kenara itiyorlar. Kalplerinin bir köşesinde unutuldum" deyip o da sessizce bıraktı kendini karanlığın kollarına.

O sırada içeri bir çocuk girdi. Üç mumun da söndüğünü görünce dördüncü muma dönüp bunun sebebini sordu, öğrenince de çok üzüldü.

"Üzülme" dedi dördüncü mum, çocuğa. "Üzülme, çünkü ben etrafıma ışık saçtığım sürece diğerleri de aydınlatmaya devam ederler."

Çocuk dördüncü mumu alıp, onunla tekrar tutuşturdu diğerlerini. Dördüncü mumun adı "karşılıksız iyilik"ti...

...
Doğru yola gittin ise
Er eteğin tuttun ise
Bir hayır da ettin ise
Birine bindir az değil
...

Yunus Emre

HAYAT'A...

Hayat bir sevdadır... Onu yaşa.
Hayat bir hediyedir... Onu al.
Hayat bir bilmecedir... Onu çöz.
Hayat bir görevdir... Onu tamamla.
Hayat bir yarışmadır... Ona katıl.
Hayat bir amaçtır... Ona ulaş.
Hayat bir fırsattır... Onu yakala.
Hayat bir öfkedir... Onu yen.
Hayat bir yalnızlıktır... Onunla yüzleş.
Hayat bir güzelliktir... Onu ebedileştir.
Hayat bir şarkıdır... Ona eşlik et.
Hayat bir bahçedir... Onu der.
Hayat bir iyiliktir... Ona karşılık ver.

...

Kötü bir şeyi yapmaya muktedirken onu yapmamak; işte budur iyilik...

(Andre Gide)

...

Ulusların gelenekleri farklıdır ama iyilik her yerde aynıdır.

(Heine)

iyi insanların intikamı
affetmek ve unutmaktır...

Schiller

İYİYİ KÖTÜDEN AYIR!

- Çocuk besle, hayvan besle, ümit besle... Ama kin besleme!
- Davet et, tövbe et, affet... Ama ihanet etme!
- Kitap oku, okul oku, zihin oku... Ama lanet okuma!
- Gönlünü aç, gözünü aç, zihnini aç... Ama kimseye el açma!
- Hedefe koş, maceraya koş, yardıma koş... Ama şirk koşma!
- Verici ol, alıcı ol, kalıcı ol... Ama bölücü olma!
- Ev al, araba al, abdest al... Ama beddua alma!
- Sınıfını geç, rakibini geç, öne geç... Ama gülüp geçme!
- Doğrul, sivril, devril... Ama eğrilme!
- Atıl, itil, katıl... Ama satılma!
- Rüya gör, geleceği gör, yaşayıp gör... Ama kimseyi hor görme!

- Şarkı söyle, türkü söyle, içindekini söyle... Ama yalan söyleme!
- Koyun güt, kaz güt, fikir güt... Ama kin gütme!
- Tebrik et, tamir et, tesis et... Ama haset etme!
- Spor yap, okul yap, resim yap... Ama rol yapma!
- Elini ver, ömrünü ver, canını ver... Ama sırrını verme!
- Emek ver, kulak ver, öğüt ver... Ama boş verme!
- Günlerini say, servetini say, büyüklerini say... Ama yerinde sayma!
- Gözden geçir, ele geçir, içinden geçir... Ama ömrü boşa geçirme!
- Yer edin, evlat edin, meslek edin... Ama kötüyü dost edinme!
- Film çevir, lehine çevir, sayfayı çevir... Ama iyiliğe yüz çevirme!

DÜNYANIN YEDİ HARİKASI

Öğretmen sınıftakilere "dünyanın yedi harikası"nın neler olduğunu düşündüklerini sormuş ve herkesin kendine göre yedi harikayı bir kağıda yazmasını istemiş.

Bir süre sonra da kağıtları toplayıp okumaya başlamış. Kağıtlarda çoğunlukla yer alan isimlere göre çıkan sonucu tahtaya yazmış:

1-Mısır Piramitleri

2-Tac Mahal

3-Büyük Kanyon

4-Panama Kanalı

6-Empire State Binası

7- Çin Seddi

Biraz sonra arka sırada sessizce oturan küçük kızın elindeki kağıdı henüz vermemiş olduğunu gören öğretmen gülümseyerek, "Söyle bakalım, senin listende neler var" demiş.

Küçük kız elindeki kağıttan, ona göre dünyanın yedi harikası olan şeyleri sırayla okumaya başlamış:

1- Görmek

2- Duymak

3- Dokunmak

4- Tatmak

5- Hissetmek

6- Gülmek

7- Sevmek

"â n ı y a k a l a!"
www.carpediemkitap.com

carpe diem kitap

merhaba…
beni tanımanı istiyorum…

kitapla çıktım yola.
çünkü insana en çok kitap yakışıyor.
ve mürekkebin kuruduğu yerde
kan akıyor.

bir istanbul baharında doğdum.
baharı ceplerime doldurdum.
kitapla başladım yaşamaya.
rengârenk olsun istedim kitaplarım,
rengârenk olsun diye dünya.

samimi, heyecanlı, yürekli
genç insanlar topladım etrafıma.
ekipleştim, biz'leştim.
bir yayın çizgisi belirledim kendime.
genç… hayat dolu… seçkin.

kocaman hayallerim var,
taptaze bir nefesim, umutlarım var.
gencecik bir yayıneviyim ben,
bütün içtenliğimle sana gülümsüyorum.

merhaba…
beni sevmeni istiyorum…

Bizi de oku!

çizimlerini gönder!

eskizlerin, illüstrasyonların, resimlerin varsa mail adresime gönder, editörlerim baksınlar, uygunsa yayımlansın...

çevirilerini gönder!

yabancı dilden yaptığın metin ya da kitap çevirileri varsa mail adresime gönder, editörlerim baksınlar, uygunsa yayımlansın...

kitap dosyanı gönder!

yayımlanmaya hazır kitap dosyan varsa mail adresime gönder, editörlerim baksınlar, uygunsa yayımlansın...

fikirlerini gönder!

her konuda aklına gelen, paylaşmak istediğin proje ya da fikrin varsa mail adresime gönder, editörlerim baksınlar, gerekeni yapsınlar...

selamını gönder!

"benim ne kitap dosyam var, ne çizimim ne de projem..." diyebilirsin, olsun, sen de mail adresime bir selam gönder, editörlerim baksınlar, sana cevap yazsınlar...

kitap@carpediemkitap.com

Ruha Dokunan Düşünceler

Dev isimlerden
ruha dokunacak
düşünceler...
Sayfalarda
sabırsızca
bekleşiyorlar
okunmak için...

carpe diem!
www.carpediemkitap.com

hadi sen de katıl aramıza

Kitabını yayınlatmak istiyorsan…

Hazır olan kitap dosyanı, bilgisayarda word formatında yazılmış olarak mail adresime (kitap@carpediemkitap.com) gönder. Mailinde mutlaka ad, soyad, telefon numarası ve adres bilgilerin bulunsun. Kendinle ilgili kısa bir tanıtım yazısı eklemeyi de unutma.

Kişisel bilgilerin yer almadığı, son şekli verilmemiş ve tam metin olarak gönderilmemiş dosyalar değerlendirilmeye alınmamaktadır, bilgin olsun…

Gelen kitap dosyaları editör arkadaşlarım tarafından geliş sıralarına göre okunuyor. Gelen dosya yoğunluğuna bağlı olarak bu süre biraz uzun olabilir (8-12 hafta), biraz sabır… Sen istersen bu süre zarfında kitap dosyanı başka yayınevlerine de gönderebilirsin.

Değerlendirmeler sonunda kitabının yayınına karar verilirse, editör arkadaşlarım seninle irtibata geçecekler.

Birbirinden güzel kitaplara birlikte imza atabilmek umuduyla…

Kitap hazırlayabilirim diyorsan…

Ad, soyad, telefon bilgilerini ve kendinle ilgili kısa bir tanıtım metnini bir maille bana ulaştır. Mailinde hazırlamayı düşündüğün kitap ya da kitaplardan da bahset. Daha önce bu tür bir çalışma yapıp yapmadığını belirtmeyi de unutma olur mu…

Kitap ya da proje önermeyi düşünüyorsan…

Tavsiyelerin benim için önemli… "Şöyle de bir kitap olsa" ya da "Biri şu kitabı yayınlasa" diye düşünebilirsin bazen. Fikirlerini, önerilerini paylaşmak istersen bundan çok memnun olacağımı bil lütfen… Mail adresimi biliyorsun. (kitap@carpediemkitap.com)

kitabı son sayfasından
okumaya başlayan
carpe diem kitap okuruna
not:

beni oku!
içimdeki gölgeler
aydınlansın. beni oku!
ben okundukça kitap,
sen okudukça insansın!